DR. OETKER

MINI TORTEN

BACKEN IN KLEINEN FORMEN
BRINGT VIELFÄLTIGEN GENUSS

DR. OETKER

MINI TORTEN

BACKEN IN KLEINEN FORMEN
BRINGT VIELFÄLTIGEN GENUSS

CERES

Vorwort

Für alle, die gerne backen, denen aber ein normaler Kuchen – aus welchen Gründen auch immer – zu groß ist, ist dieses Buch gemacht. Das gilt nicht nur für kleine und für Single-Haushalte, die nicht auf Selbstgebackenes verzichten möchten, sondern auch für alle, die Ihre Gäste gerne mit einer süßen Vielfalt überraschen oder sich einfach selbst einmal mit einer Torte verwöhnen wollen.

Wir zeigen nicht nur, wie man kleine Kuchen und Torten backt, sondern auch, wie man aus einem Grundteig mehrere köstliche Variationen zubereiten kann.

Keine Reste, kein Einfrieren, die „Minis" kann man bis auf den letzten Krümel verzehren. Auch als Mitbringsel werden die „Kleinen" sicherlich ein großes Hallo auslösen. Vielleicht verschenken Sie auch einmal als Dankeschön eine kleine Torte statt großer Worte.

Überzeugen Sie sich selbst, daß die „Minis" in jeder Hinsicht ohne Probleme mit den „Großen" mithalten können. Ob Torten, Kuchen, Törtchen oder Muffins, mit unseren Kleinen kommt jeder beim Backen groß raus.

Kapitelübersicht

Fruchtige Torten & Kuchen

Seite 8–35

Aus 1 mach 2 oder 3

Seite 36–61

Kuchen & Küchlein

Seite 62–79

Kapitelübersicht

Festliches & saisonales Gebäck

Seite 80–105

Törtchen, Muffins & Co.

Seite 106–141

Kalte Köstlichkeiten

Seite 142–151

Käsekuchen Tutti-Frutti

SPRINGFORM
ø: 18 cm
Inhalt: 1250 ml

Zubereitungszeit:
40 Minuten
Backzeit:
etwa 65 Minuten

Insgesamt:
E: 57 g, F: 245 g, Kh: 294 g, kJ: 15576, kcal: 3722

Für den Knetteig
120 g Weizenmehl
35 g Zucker
1 EL Milch
75 g Butter

Für die Füllung
250 g Sauerkirschen
1 Orange (unbehandelt)
2 Eier (Größe M)
75 g weiche Butter
70 g Zucker
250 g Mascarpone
100 g Magerquark
1 Pck. Pudding-Pulver Vanille-Geschmack
1/2 EL Weizenmehl

1 Für den Teig Mehl in eine Rührschüssel sieben. Zucker, Milch und Butter hinzufügen. Die Zutaten mit Handrührgerät mit Knethaken zunächst kurz auf niedrigster, dann auf höchster Stufe gut durcharbeiten.

2 Anschließend auf der bemehlten Arbeitsfläche zu einem glatten Teig verkneten und eine Zeitlang kalt stellen. Den Teig dann auf dem gefetteten Springformboden ausrollen. Den Springformrand um den Boden legen.

3 Für die Füllung Kirschen waschen, entstielen, entsteinen und gut abtropfen lassen. Die Orange waschen, die Schale etwa zur Hälfte abreiben, die Orange danach schälen und filetieren (den Saft dabei auffangen).

4 Eier trennen. Eigelb mit Butter und Zucker schaumig rühren. Mascarpone, Quark und Pudding-Pulver unterrühren. Orangensaft, -schale und -filets hinzugeben und vorsichtig unterrühren.

5 Das Eiweiß steif schlagen und unterheben. Die Kirschen in Mehl wenden und locker unter die Quarkmasse heben. Die Masse auf den Teig in die Springform geben. Die Form auf dem Rost in den Backofen schieben.

Ober-/Unterhitze:
etwa 180 °C (vorgeheizt)
Heißluft: etwa 160 °C
(nicht vorgeheizt)
Gas: etwa Stufe 3 (vorgeheizt)
Backzeit: etwa 65 Minuten

Tip: Wenn die Oberfläche zu stark bräunt, den Kuchen mit 2–3 Bögen Pergamentpapier abdecken.

Pflaumen-Käse-Torte

SPRINGFORM

ø: 20 cm
Inhalt: 1650 ml

Zubereitungszeit:
35 Minuten
Backzeit:
etwa 60 Minuten

Insgesamt:
E: 86 g, F: 176 g, Kh: 428 g,
kJ: 15919, kcal: 3802

Für den Knetteig
185 g Weizenmehl
50 g Zucker
1 Prise Salz
1/2 Pck. Feine Orangenfrucht
120 g Butter
1 Eigelb

Für den Belag
75 g weiche Butter
375 g Magerquark
90 g Zucker
1 Pck. Vanillin-Zucker
1/2 Pck. Pudding-Pulver
Vanille-Geschmack
1 Ei
abgeriebene Schale von
1/2 Zitrone (unbehandelt)
1 EL Zitronensaft
600 g Pflaumen

50 g Pflaumenkonfitüre

1 Für den Teig Mehl in eine Rührschüssel sieben. Zucker, Salz, Feine Orangenfrucht, Butter und Eigelb hinzufügen. Die Zutaten mit Handrührgerät mit Knethaken zunächst kurz auf niedrigster, dann auf höchster Stufe gut durcharbeiten.

2 Anschließend auf der bemehlten Arbeitsfläche zu einem glatten Teig verkneten. Sollte er kleben, ihn eine Zeitlang kalt stellen. 2/3 des Teiges auf dem gefetteten Boden der Springform ausrollen. Den Springformrand um den Boden legen.

3 Den Rest des Teiges zu einer Rolle formen, sie als Rand auf den Teigboden legen und so an die Form drükken, daß ein etwa 4 cm hoher Rand entsteht.

4 Für den Belag Butter schaumig rühren. Quark, Zucker, Vanillin-Zucker, Pudding-Pulver, Ei, Zitronenschale und -saft hinzufügen und unterrühren.

5 Die Pflaumen waschen, trockenreiben, halbieren und entsteinen. Die Hälfte der Quarkmasse auf den Boden geben und die Häfte der Pflaumen mit der Schnittfläche nach oben darauf verteilen.

6 Die restliche Quarkmasse darauf verteilen und mit den restlichen Pflaumen (mit der Schnittfläche nach unten) belegen. Die Springform auf dem Rost in den Backofen schieben.

Ober-/Unterhitze:
etwa 180 °C (vorgeheizt)
Heißluft: etwa 160 °C
(nicht vorgeheizt)
Gas: etwa Stufe 3 (vorgeheizt)
Backzeit: etwa 60 Minuten

7 Die Konfitüre erwärmen, durch ein Sieb streichen und die Pflaumen damit bestreichen. Den Kuchen in der Form erkalten lassen. Dann den Rand mit einem Messer lösen und den Kuchen aus der Form lösen.

Erdbeer-Quark-Torte

RECHTECKIGE AUFLAUFFORM
20 x 30 cm

Zubereitungszeit:
35 Minuten, ohne Auftauzeit
Backzeit:
30–40 Minuten

Insgesamt:
E: 113 g, F: 176 g, Kh: 426 g,
kJ: 16106, kcal: 3850

1 Pck. (300 g) TK-Blätterteig
100 g Marzipan-Rohmasse

Für die Quarkmasse
250 g Magerquark
250 g Sahnequark
2 Eier (Größe M)
175 g Zucker
1 Pck. Vanillin-Zucker
abgeriebene Schale von
1 Zitrone (unbehandelt)
1 Prise Salz
1 EL Speisestärke

Für den Belag
600 g Erdbeeren
1 Pck. Tortenguß, rot
2 EL Zucker
250 ml (1/4 l) Wasser
2 EL gehackte Pistazienkerne

1 Den Blätterteig zugedeckt bei Zimmertemperatur auftauen lassen. Die Platten aufeinanderlegen und zu einem Rechteck von etwa 25 x 35 cm ausrollen. Die Teigplatte in die gefettete Form legen, dabei einen Rand hochziehen.

2 Die Marzipan-Rohmasse in Größe der Auflaufform ausrollen und auf den Blätterteig legen.

3 Für die Quarkmasse beide Quarksorten mit Eiern, Zucker, Vanillin-Zucker, Zitronenschale, Salz und Speisestärke verrühren und auf das Marzipan streichen. Die Form auf dem Rost in den Backofen schieben.

Ober-/Unterhitze:
etwa 200 °C (vorgeheizt)
Heißluft: etwa 180 °C
(nicht vorgeheizt)
Gas: etwa Stufe 3 (nicht vorgeheizt)
Backzeit: 30–40 Minuten

4 Den Boden in der Form erkalten lassen.

5 Für den Belag Erdbeeren waschen, putzen, halbieren und auf dem erkalteten Boden verteilen. Den Tortenguß mit Zucker und Wasser nach Packungsaufschrift zubereiten und über die Erdbeeren geben. Die Torte mit Pistazien bestreuen.

Tip: Nach Belieben die Torte mit einigen Zitronenmelisseblättchen garnieren.

Eckige Mandarinentorte

BACKBLECH
35 x 18,5 cm

Zubereitungszeit:
60 Minuten, ohne Kühlzeit
Backzeit:
12–15 Minuten

Insgesamt:
E: 31 g, F: 124 g, Kh: 159 g,
kJ: 8162, kcal: 1951

Für den Biskuitteig
30 g abgezogene,
gemahlene Mandeln
2 Eier(Größe M)
2 EL heißes Wasser
60 g Zucker
1 Pck. Vanillin-Zucker
30 g Weizenmehl
1/2 gestr. TL Backpulver
20 g zerlassene,
abgekühlte Butter

Für die Füllung
1 Dose Mandarin-Orangen
(Abtropfgewicht 190 g)
250 ml (1/4 l) Schlagsahne
1/2 Pck. Sahnesteif
etwas abgeriebene
Zitronenschale (unbehandelt)
1 TL Zucker

Puderzucker

1 Für den Teig die Mandeln in einer Pfanne ohne Fett anrösten. Eier und Wasser mit Handrührgerät mit Rührbesen auf höchster Stufe in 1 Minute schaumig schlagen. Zucker mit Vanillin-Zucker mischen, in 1 Minute einstreuen, dann noch etwa 2 Minuten schlagen.

2 Mehl und Backpulver mischen, auf die Eiercreme sieben und kurz auf niedrigster Stufe unterrühren. Butter und Mandeln vorsichtig unterrühren. Den Teig auf das mit Backpapier belegte Backblech geben und glattstreichen. Das Backblech auf dem Rost in den Backofen schieben und sofort backen.

Ober-/Unterhitze:
etwa 200 °C (vorgeheizt)
Heißluft: –
Gas: Stufe 3–4 (vorgeheizt)
Backzeit: 12–15 Minuten

3 Die Biskuitplatte sofort nach dem Backen auf Backpapier stürzen, das mitgebackene Papier abziehen und den Biskuit erkalten lassen. Die Biskuitplatte dann einmal senkrecht in der Mitte durchschneiden.

4 Für die Füllung Mandarin-Orangen auf einem Sieb abtropfen lassen, den Saft dabei auffangen. Sahne mit Sahnesteif steif schlagen und mit 2 Eßlöffeln Mandarinensaft, Zitronenschale und Zucker fruchtig abschmekken. Die Mandarinen unterheben.

5 Die Mandarinensahne auf die eine Gebäckhälfte streichen, die zweite Hälfte darauf legen. Die Torte bis zum Verzehr einige Zeit kalt stellen.

6 Vor dem Servieren die Torte mit Puderzucker bestäuben.

Tip: Nach Belieben eine Schablone aus Papier in Größe der Torte anfertigen, die Torte mit Puderzucker bestäuben und die Schablone vorsichtig entfernen.

Rhabarber-Stachelbeer-Kuchen

BACKBLECH
35 x 18,5 cm

Zubereitungszeit:
30 Minuten
Backzeit:
30–35 Minuten

Insgesamt:
E: 63 g, F: 203 g, Kh: 377 g,
kJ: 15640, kcal: 3735

Für den Belag
400 g Rhabarber
250 g Stachelbeeren
(frisch oder aus dem Glas)

Für den Rührteig
125 g Butter oder Margarine
80 g Zucker
1 Prise Salz
2 Eier (Größe M)
250 g Weizenmehl
1/2 Pck. Backpulver
60 ml Milch

Für den Guß
250 g Schmand (Sauerrahm)
oder saure Sahne
1 Ei (Größe M)
35 g Zucker
1/2 Pck. Pudding-Pulver
Vanille-Geschmack

evtl. 1 EL Hagelzucker

1 Für den Belag Rhabarber putzen (nicht abziehen), waschen und in etwa 5 cm lange Stücke schneiden. Frische Stachelbeeren putzen, waschen und abtropfen lassen (Stachelbeeren aus dem Glas auf einem Sieb gut abtropfen lassen).

2 Für den Teig Butter oder Margarine mit Handrührgerät mit Rührbesen auf höchster Stufe geschmeidig rühren. Nach und nach Zucker und Salz hinzufügen, so lange rühren, bis eine gebundene Masse entstanden ist. Eier nach und nach unterrühren (jedes Ei etwa 1/2 Minute).

3 Mehl mit Backpulver mischen, sieben und abwechselnd portionsweise mit Milch auf mittlerer Stufe unterrühren (nur so viel Milch verwenden, daß der Teig schwer-reißend von einem Löffel fällt). Den Teig auf das gefettete Backblech geben und glattstreichen.

4 Für den Guß Schmand oder saure Sahne, Ei, Zucker und Pudding-Pulver verrühren und gleichmäßig auf dem Teig verteilen. Rhabarber und Stachelbeeren auf den Guß legen. Das Backblech auf dem Rost in den Backofen schieben.

Ober-/Unterhitze:
etwa 200 °C (vorgeheizt)
Heißluft: etwa 180 °C
(nicht vorgeheizt)
Gas: etwa Stufe 3 (vorgeheizt)
Backzeit: 30–35 Minuten

5 Den Kuchen nach Belieben vor dem Servieren mit Hagelzucker bestreuen.

Kirsch-Streusel-Kuchen

BACKBLECH
35 x 18,5 cm

Zubereitungszeit:
90 Minuten, ohne Teiggehzeit
Backzeit:
35–40 Minuten

Insgesamt:
E: 112 g, F: 202 g, Kh: 608 g, kJ: 20541, kcal: 4904

Für den Hefeteig
275 g Weizenmehl
1 Pck. Trockenhefe
50 g Zucker
1 Prise Salz
1/2 Pck. Feine Orangenfrucht
1 Ei (Größe M)
100 ml lauwarme Milch
75 g zerlassene, abgekühlte Butter

Für den Belag
750 g Sauerkirschen (ersatzweise aus dem Glas)
250 g Sahnequark
100 g Zucker
1/2 Pck. Pudding-Pulver Vanille-Geschmack
1/2 Pck. Feine Orangenfrucht
2 Eier (Größe M)

Für die Streusel
80 g Weizenmehl
50 g Zucker
1 Pck. Vanillin-Zucker
40 g abgezogene, gemahlene Mandeln
75 g zerlassene, abgekühlte Butter

1 Für den Teig Mehl in eine Rührschüssel sieben und mit der Hefe sorgfältig vermischen. Zucker, Salz, Feine Orangenfrucht, Ei, Milch und Butter hinzufügen.

2 Die Zutaten mit Handrührgerät mit Knethaken zunächst auf niedrigster, dann auf höchster Stufe in etwa 5 Minuten zu einem Teig verarbeiten. Den Teig zugedeckt an einem warmen Ort so lange stehen lassen, bis er sich sichtbar vergrößert hat.

3 Den Teig dann aus der Schüssel nehmen, auf der Arbeitsfläche nochmals kurz durchkneten und auf dem gefetteten Backblech ausrollen.

4 Für den Belag Kirschen waschen, abtropfen lassen, entstielen und entsteinen. Quark mit Zucker, Pudding-Pulver, Feiner Orangenfrucht und Eiern glattrühren. Die Quarkmasse auf den Teig streichen und mit den Kirschen belegen.

5 Für die Streusel Mehl in eine Rührschüssel sieben und mit Zucker, Vanillin-Zucker und Mandeln mischen. Butter hinzufügen und alle Zutaten mit Handrührgerät mit Knethaken zu Streuseln von gewünschter Größe verarbeiten.

6 Die Streusel auf den Kirschen verteilen. Den Teig nochmals zugedeckt stehen lassen, bis er sich sichtbar vergrößert hat.

7 Das Backblech auf dem Rost in den Backofen schieben.

Ober-/Unterhitze:
etwa 180 °C (vorgeheizt)
Heißluft: etwa 160 °C
(nicht vorgeheizt)
Gas: etwa Stufe 3 (vorgeheizt)
Backzeit: 35–40 Minuten

Tip: Nach Belieben die noch sichtbaren Kirschen mit verrührter Kirschkonfitüre bestreichen und den Kuchen mit Puderzucker bestäuben.

Savarin-Ring mit Früchten

SAVARINFORM ODER SPRINGFORM MIT ROHRBODEN
ø: 18 cm

Zubereitungszeit:
50 Minuten, ohne Kühl- und Teiggehzeit
Backzeit:
etwa 28 Minuten

Insgesamt:
E: 67 g, F: 94 g, Kh: 391 g,
kJ: 12247, kcal: 2926

Für den Hefeteig
300 g Weizenmehl
1/2 Würfel (21 g) Frischhefe
5 EL lauwarme Milch
75 g Zucker
75 g zerlassene, abgekühlte Butter oder Margarine
3 Eier (Größe M)
1 Eigelb

Semmelbrösel
3 EL Orangenlikör

Für die Füllung
250 g Erdbeeren
250 ml (1/4 l) Traubensaft
50 ml Weißwein
2 EL Speisestärke
2 Pck. Vanillin-Zucker
2 EL Orangensaft

2 EL Puderzucker
1 Karambole (Sternfrucht)
1 Kiwi

1 Für den Hefeteig Mehl in eine Rührschüssel sieben und in die Mitte eine Vertiefung eindrücken. Die Hefe hineinbröckeln, Milch und 1 Eßlöffel von dem Zucker dazugeben und vorsichtig verrühren. Mit etwas Mehl bestreuen und zugedeckt an einem warmen Ort gehen lassen, bis sich der Vorteig sichtbar vergrößert hat.

2 Butter oder Margarine, Eier, Eigelb und den restlichen Zucker hinzufügen. Die Zutaten mit Handrührgerät mit Knethaken zunächst auf niedrigster, dann auf höchster Stufe in etwa 5 Minuten zu einem glatten Teig verarbeiten (der Teig ist weich!).

3 Den Teig zugedeckt an einem warmen Ort so lange stehen lassen, bis er sich sichtbar vergrößert hat. Ihn dann aus der Schüssel nehmen, auf der Arbeitsfläche nochmals kurz durchkneten und in die gefettete, mit Semmelbröseln ausgestreute Savarinform geben. Die Form auf dem Rost in den Backofen schieben.

Ober-/Unterhitze:
etwa 200 °C (vorgeheizt)
Heißluft: etwa 180 °C
(nicht vorgeheizt)
Gas: etwa Stufe 3 (vorgeheizt)
Backzeit: etwa 20 Minuten

4 Die Form noch etwa 10 Minuten im ausgeschalteten Backofen stehen lassen. Den Hefering dann auf einen Kuchenrost stürzen und mit dem Orangenlikör beträufeln.

5 Für die Füllung Erdbeeren waschen, putzen und vierteln (4 Erdbeeren zum Garnieren zurücklassen). Traubensaft und Wein aufkochen.

6 Speisestärke und Vanillin-Zucker mischen, mit Orangensaft glattrühren, in die Saft-Wein-Mischung rühren und aufkochen lassen. Die Erdbeeren unterheben und alles in den Hefering füllen.

7 Den Ring mit Puderzucker bestäuben. Karambole waschen und Kiwi schälen. Beide Früchte in Scheiben schneiden und den Savarin-Ring damit garnieren.

Tip: Zusätzlich einen Knetteigboden unter den Savarin-Ring legen. Dazu aus 100 g Weizenmehl, 1 1/2 Eßlöffel Zucker, 1 Eigelb und 75 g Butter oder Margarine einen Knetteig zubereiten. Den Teig ausrollen (Ø 18 cm), auf ein Backblech oder in eine Springform geben und bei etwa 200 °C (Heißluft: etwa 180 °C, Gas: etwa Stufe 3) etwa 8 Minuten backen. Den erkalteten Boden mit 2 Eßlöffeln Erdbeerkonfitüre bestreichen und den Hefering darauf stürzen.

Apfelkuchen, sehr fein

SPRINGFORM

ø: 20–22 cm
Inhalt: 1650 ml

Zubereitungszeit:
30 Minuten
Backzeit:
40–50 Minuten

Insgesamt:
E: 28 g, F: 73 g, Kh: 185 g,
kJ: 6551, kcal: 1564

Für den Rührteig
60 g Margarine oder Butter
60 g Zucker
1 Pck. Vanillin-Zucker
1 Prise Salz
3 Tropfen Zitronen-Aroma
2 Eier (Größe S)
100 g Weizenmehl
1 gestr. TL Backpulver

Für den Belag
300 g kleine Äpfel
10 g zerlassene Butter

Zum Aprikotieren
1 EL Aprikosenkonfitüre
2 TL Wasser

1 Für den Teig Margarine oder Butter mit Handrührgerät mit Rührbesen auf höchster Stufe geschmeidig rühren, nach und nach Zucker, Vanillin-Zucker, Salz und Zitronen-Aroma unterrühren, so lange rühren, bis eine gebundene Masse entstanden ist.

2 Eier nach und nach unterrühren (jedes Ei etwa $^{1}/_{2}$ Minute). Mehl mit Backpulver mischen, sieben und portionsweise auf mittlerer Stufe unterrühren. Den Teig in die Springform (Boden gefettet) füllen und glattstreichen.

3 Für den Belag Äpfel schälen, vierteln, entkernen, mehrmals der Länge nach einritzen und kranzförmig auf den Teig legen. Die Äpfel mit Butter bestreichen. Die Form auf dem Rost in den Backofen schieben.

Ober-/Unterhitze:
etwa 180 °C (vorgeheizt)
Heißluft: etwa 160 °C
(nicht vorgeheizt)
Gas: Stufe 2–3 (nicht vorgeheizt)
Backzeit: 40–50 Minuten

4 Zum Aprikotieren Aprikosenkonfitüre durch ein Sieb streichen und mit Wasser unter Rühren aufkochen lassen. Den Kuchen sofort nach dem Backen damit bestreichen.

Tip: Nach Belieben den Apfelkuchen vor dem Backen mit 1 Eßlöffel Rosinen bestreuen. Anstelle der Äpfel können auch 300 g entsteinte Schattenmorellen verwendet werden.

Stachelbeerkuchen mit Gitter

SPRINGFORM
ø: 18 cm
Inhalt: 1250 ml

Zubereitungszeit:
30 Minuten, ohne Kühlzeit
Backzeit:
etwa 40 Minuten

Insgesamt:
E: 26 g, F: 118 g, Kh: 202 g, kJ: 8593, kcal: 2054

Für den Knetteig
100 g Weizenmehl
1 EL Zucker
1 Eigelb (Größe M)
60 g Butter
2 EL abgezogene, gemahlene Mandeln

Für den Belag
1 Glas Stachelbeeren (Abtropfgewicht 390 g)
1 Becher (150 g) Crème fraîche
1 TL Saucen-Pulver Vanille-Geschmack
1 EL Zucker
1 Pck. Vanillin-Zucker
1 EL Milch

1 Für den Teig Mehl in eine Rührschüssel sieben. Zucker, Eigelb, Butter und Mandeln hinzufügen.

2 Die Zutaten mit Handrührgerät mit Knethaken schnell zu einem Teig verarbeiten. Den Teig etwa 30 Minuten kalt stellen.

3 Für den Belag die Stachelbeeren auf einem Sieb abtropfen lassen. Crème fraîche mit Saucen-Pulver, Zucker und Vanillin-Zucker verrühren.

4 Zwei Drittel des Teiges zwischen 2 Lagen Klarsichtfolie in Größe der Springform ausrollen. Die Teigplatte in die Springform (Boden gefettet) legen und etwas am Rand hochdrücken.

5 Die Stachelbeeren kreisförmig vom Rand beginnend in die Form legen. Die Crème-fraîche-Masse darübergeben.

6 Den restlichen Teig ebenfalls zwischen 2 Lagen Klarsichtfolie ausrollen und in 1 cm breite Streifen schneiden. Die Teigstreifen als Gitter auf den Belag legen und mit Milch bestreichen. Die Form auf dem Rost in den Backofen schieben.

Ober-/Unterhitze:
etwa 180 °C (vorgeheizt)
Heißluft: etwa 160 °C
(nicht vorgeheizt)
Gas: etwa Stufe 3 (vorgeheizt)
Backzeit: etwa 40 Minuten

Tip: Anstelle der Stachelbeeren können auch 300 g Pflaumen verwendet werden. Dazu die Pflaumen waschen, abtrocknen, halbieren, entsteinen und ebenfalls kreisförmig vom Rand beginnend auf den Teig legen.

Pflaumentorte mit Mascarpone-Quark

SPRINGFORM

ø: 20 cm
Inhalt: 1650 ml

Zubereitungszeit:
60 Minuten, ohne Kühlzeit
Backzeit:
etwa 25 Minuten

Insgesamt:
E: 76 g, F: 158 g, Kh: 391 g,
kJ: 14296, kcal: 3416

Für den Rührteig
50 g Butter oder Margarine
75 g Zucker
1 Ei (Größe M)
125 g Weizenmehl
1 TL Backpulver
1/2 TL gemahlener Zimt
4 EL Milch

100 ml kalter Kaffee

Für die Creme
2 Blatt weiße Gelatine
250 g Mascarpone
125 g Magerquark
50 g gesiebter Puderzucker
3 Tropfen Butter-Vanille-Aroma
3 EL Zitronensaft
50 ml kalter Kaffee

Für den Belag
750 g große, runde Pflaumen
1 Pck. Tortenguß, klar
2 EL Zucker
250 ml (1/4 l) roter Johannisbeersaft
Hagelzucker
Minzeblättchen

1 Für den Teig Butter oder Margarine mit Handrührgerät mit Rührbesen auf höchster Stufe geschmeidig rühren. Zucker unterrühren, so lange rühren, bis eine gebundene Masse entstanden ist. Ei etwa 1/2 Minute unterrühren.

2 Mehl mit Backpulver und Zimt mischen, sieben und abwechselnd portionsweise mit Milch auf mittlerer Stufe unterrühren. Den Teig in die Springform füllen (Boden gefettet). Die Form auf dem Rost in den Backofen schieben.

Ober-/Unterhitze:
etwa 180 °C (vorgeheizt)
Heißluft: etwa 160 °C
(nicht vorgeheizt)
Gas: etwa Stufe 3 (vorgeheizt)
Backzeit: etwa 25 Minuten

3 Den Boden aus der Form lösen, auf einen Kuchenrost stürzen und erkalten lassen. Ihn anschließend mit Kaffee beträufeln.

4 Für die Creme Gelatine in kaltem Wasser einweichen. Mascarpone, Quark und Puderzucker mit Butter-Vanille-Aroma, Zitronensaft und Kaffee glattrühren. Gelatine ausdrücken, auflösen und unter die Creme rühren.

5 Einen Springformrand oder Tortenring um den Boden legen, die Creme darauf verteilen und kalt stellen, bis sie fest ist.

6 Für den Belag Pflaumen waschen, trockenreiben, halbieren, entsteinen und das Fruchtfleisch in Spalten schneiden. Aus Tortenguß, Zucker und Saft nach Packungsaufschrift einen Guß zubereiten. Die Hälfte davon auf die Creme gießen, die Pflaumenspalten darauf verteilen und den restlichen Guß darübergießen.

7 Die Torte vor dem Servieren mit Hagelzucker bestreuen und mit Minzeblättchen garnieren.

Obsttorte

SPRINGFORM

ø: 16 cm
Inhalt: 1150 ml

Zubereitungszeit:
30 Minuten
Backzeit:
etwa 20 Minuten

Insgesamt:
E: 50 g, F: 168 g, Kh: 245 g,
kJ: 11612, kcal: 2774

Für den Biskuitteig
2 Eier (Größe M)
2 EL heißes Wasser
60 g Zucker
2 EL Vanillin-Zucker
60 g Weizenmehl
1/2 TL Backpulver

Für die Vanillecreme
3 Eier (Größe M)
100 g Zucker
1 Pck. Vanillin-Zucker
150 g weiche Butter

einige frische Früchte,
z. B. Kiwis, Erdbeeren,
Weintrauben, Himbeeren,
Brombeeren
abgezogene,
gehobelte Mandeln

1 Für den Teig Eier und Wasser mit Handrührgerät mit Rührbesen auf höchster Stufe in 1 Minute schaumig schlagen.

2 Zucker mit Vanillin-Zucker mischen, in 1 Minute einstreuen, dann noch etwa 2 Minuten schlagen.

3 Mehl und Backpulver mischen, auf die Eiercreme sieben und kurz auf niedrigster Stufe unterrühren. Den Teig in die Springform (Boden gefettet, mit Backpapier belegt) füllen. Die Form auf dem Rost in den Backofen schieben und sofort backen.

Ober-/Unterhitze:
etwa 180 °C (vorgeheizt)
Heißluft: –
Gas: Stufe 3–4 (vorgeheizt)
Backzeit: etwa 20 Minuten

4 Den Tortenboden aus der Form lösen, auf einen Kuchenrost stürzen, das Backpapier abziehen und den Tortenboden erkalten lassen. Den Boden einmal waagerecht durchschneiden.

5 Für die Vanillecreme die Eier mit Handrührgerät mit Rührbesen schaumig schlagen. Zucker und Vanillin-Zucker einrieseln lassen, dabei weiterschlagen.

6 Die Masse im heißen Wasserbad so lange schlagen, bis sie cremig ist. Aus dem Wasserbad nehmen und weiterschlagen, bis die Creme abgekühlt ist.

7 Die Butter so lange schlagen, bis sie sahnig ist. Dann die Eiercreme unterrühren. Einen Teil der Vanillecreme auf den unteren Boden streichen, den oberen Boden darauf legen. Tortenoberfläche und -rand mit der restlichen Creme bestreichen.

8 Die Torte nach Belieben mit den vorbereiteten Früchten belegen. Den Tortenrand mit den Mandeln spicken.

Tip: Die Torte nach Belieben mit klarem Tortenguß überziehen und mit unbehandelten Orangenschalenstreifen garnieren.

Lemon-Curd-Torte mit Lychees

SPRINGFORM
ø: 18 cm
Inhalt: 1250 ml

Zubereitungszeit:
40 Minuten, ohne Kühlzeit
Backzeit:
etwa 20 Minuten

Insgesamt:
E: 28 g, F: 97 g, Kh: 450 g,
kJ: 11962, kcal: 2857

Für den Rührteig
7 EL Butter oder Margarine
75 g Zucker
1 Ei (Größe M)
75 g Weizenmehl
abgeriebene Schale und Saft von 1/2 Zitrone (unbehandelt)

Für die Creme
2 1/2 Zitronen (unbehandelt)
250 g Zucker
1 EL Butter oder Margarine
300 ml Wasser
6 EL Speisestärke
3 Eigelb

Für den Belag
8 Lychees (aus der Dose)
2 Kiwis
1 EL Kokosraspel
Zitronenmelisseblättchen

1 Für den Teig Butter oder Margarine mit Handrührgerät mit Rührbesen auf höchster Stufe geschmeidig rühren. Zucker nach und nach unterrühren, so lange rühren, bis eine gebundene Masse entstanden ist. Das Ei etwa 1/2 Minute unterrühren.

2 Mehl sieben und unterrühren. Zitronensaft und -schale unterrühren. Den Teig in die Springform (Boden gefettet, mit Backpapier belegt) füllen. Die Form auf dem Rost in den Backofen schieben.

Ober-/Unterhitze:
etwa 180 °C (vorgeheizt)
Heißluft: etwa 160 °C
(nicht vorgeheizt)
Gas: etwa Stufe 3 (vorgeheizt)
Backzeit: etwa 20 Minuten

3 Den Boden aus der Springform lösen, auf einen Kuchenrost stürzen, das Backpapier abziehen und den Boden erkalten lassen.

4 Für die Creme von einer der Zitronen 2 Scheiben zum Garnieren abschneiden. Die Schale der restlichen Zitronen abreiben und den Saft auspressen. Zitronensaft und -schale mit Zucker, Butter oder Margarine und Wasser aufkochen lassen.

5 Speisestärke mit wenig kaltem Wasser glattrühren, die Flüssigkeit damit binden und bei schwacher Hitze unter ständigem Rühren etwa 5 Minuten kochen lassen.

6 Eigelb verrühren und unter die Creme rühren. Die Creme abkühlen lassen. Einen Springformrand oder Tortenring um den Boden legen, die Creme darauf geben, glattstreichen und 2–3 Stunden kalt stellen.

7 Für den Belag Lychees auf einem Sieb abtropfen lassen. Kiwis schälen und in Scheiben schneiden. Die zurückgelassenen Zitronenscheiben vierteln. Die Torte mit dem vorbereiteten Obst belegen.

8 Kokosraspel in einer Pfanne ohne Fett goldbraun rösten und über die Torte streuen. Mit Zitronenmelisseblättchen garnieren.

Beerentorte

OBSTBODENFORM

ø: 22 cm

Zubereitungszeit:
40 Minuten
Backzeit:
15–20 Minuten

Insgesamt:
E: 35 g, F: 118 g, Kh: 242 g, kJ: 9381, kcal: 2243

Für den Biskuitteig
2 Eier (Größe M)
2 EL heißes Wasser
80 g Zucker
1 Pck. Vanillin-Zucker
100 g Weizenmehl
25 g Speisestärke
1/2 TL Backpulver
30 g zerlassene, abgekühlte Butter

Für den Belag
300 g gemischte, frische Beerenfrüchte, z. B. Himbeeren, Heidelbeeren, rote und schwarze Johannisbeeren
250 ml (1/4 l) Schlagsahne
1 Pck. Sahnesteif
1 Pck. Vanillin-Zucker
evtl. Limonenschalenstreifen (unbehandelt)

1 Für den Biskuitteig Eier und Wasser mit Handrührgerät mit Rührbesen auf höchster Stufe in 1 Minute schaumig schlagen. Zucker mit Vanillin-Zucker mischen, in 1 Minute einstreuen, dann noch etwa 2 Minuten schlagen.

2 Mehl, Speisestärke und Backpulver mischen, die Hälfte davon auf die Eiercreme sieben und kurz auf niedrigster Stufe unterrühren. Den Rest des Mehlgemisches auf dieselbe Weise unterarbeiten. Die Butter unterrühren.

3 Den Teig in die gefettete Obstbodenform füllen. Die Form auf dem Rost in den Backofen schieben und sofort backen.

Ober-/Unterhitze:
180–200 °C (vorgeheizt)
Heißluft: –
Gas: Stufe 3–4 (vorgeheizt)
Backzeit: 15–20 Minuten

4 Den Tortenboden etwa 5 Minuten in der Form stehen lassen, ihn dann auf einen Kuchenrost stürzen und erkalten lassen.

5 Für den Belag Beeren putzen, waschen und gut abtropfen lassen. Sahne mit Sahnesteif und Vanillin-Zucker steif schlagen und wolkenartig auf dem Tortenboden verteilen.

6 Die Beeren auf der Sahne verteilen und die Torte nach Belieben mit Limonenschalenstreifen garnieren.

Tip: Nach Belieben 30 g abgezogene, gehobelte Mandeln in einer Pfanne ohne Fett bräunen lassen und die Tortenoberfläche damit bestreuen.

Früchteboden

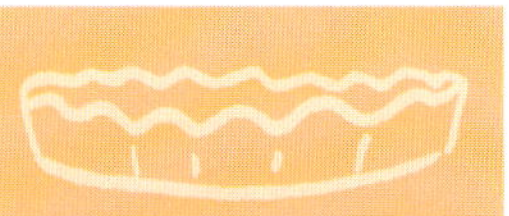

OBSTBODENFORM

ø: 22 cm

Zubereitungszeit:
30 Minuten
Backzeit:
15–20 Minuten

Insgesamt:
E: 42 g, F: 187 g, Kh: 271 g, kJ: 12653, kcal: 3025

Für den Biskuitteig
2 Eier (Größe M)
2 EL heißes Wasser
80 g Zucker
1 Pck. Vanillin-Zucker
100 g Weizenmehl
25 g Speisestärke
1/2 TL Backpulver
30 g zerlassene, abgekühlte Butter

Für die Creme
200 g Mascarpone
40 g gesiebter Puderzucker
200 ml Schlagsahne
1 gestr. TL Sahnesteif

Für den Belag
3–4 Kiwis
100 g gemischte Beerenfrüchte, frisch oder TK

1 Für den Teig Eier und Wasser mit Handrührgerät mit Rührbesen auf höchster Stufe in 1 Minute schaumig schlagen. Zucker mit Vanillin-Zucker mischen, in 1 Minute einstreuen, dann noch etwa 2 Minuten schlagen.

2 Mehl, Speisestärke und Backpulver mischen, die Hälfte davon auf die Eiercreme sieben und kurz auf niedrigster Stufe unterrühren. Den Rest des Mehlgemisches auf dieselbe Weise unterarbeiten. Die Butter unterrühren.

3 Den Teig in die gefettete, mit Mehl ausgestreute Obstbodenform füllen. Die Form auf dem Rost in den Backofen schieben und sofort backen.

Ober-/Unterhitze:
180–200 °C (vorgeheizt)
Heißluft: –
Gas: Stufe 3–4 (vorgeheizt)
Backzeit: 15–20 Minuten

4 Den Tortenboden etwa 5 Minuten in der Form stehen lassen, ihn dann auf einen Kuchenrost stürzen und erkalten lassen.

5 Für die Creme Mascarpone mit Puderzucker verrühren. Sahne mit Sahnesteif steif schlagen und mit Mascarpone verrühren. Die Creme auf den Tortenboden streichen.

6 Für den Belag die Kiwis schälen, in dünne Scheiben schneiden und als Kreis auf die Creme legen. Die Beeren putzen, waschen, abtropfen lassen (TK-Früchte auftauen lassen) und in die Mitte legen.

Tip 1: Die Kiwis möglichst erst kurz vor dem Servieren auf die Mascarpone-Sahne-Creme legen, sie bilden sonst Bitterstoffe.
Tip 2: Der Tortenboden kann natürlich auch ohne die Creme direkt mit Früchten nach Wahl belegt werden. Die Früchte nach Belieben mit Tortenguß überziehen.

Apple Crumble & Orangen-Marzipan-Kuchen

GRATINFORM
ø: 20 cm
KASTENFORM
Länge: 20 cm Inhalt: 1250 ml

Zubereitungszeit:
60 Minuten, ohne Kühlzeit
Backzeit:
Apple Crumble:
etwa 25 Minuten
Orangen-Marzipan-Kuchen:
etwa 35 Minuten

Insgesamt:
E: 49 g, F: 204 g, Kh: 420 g, kJ: 16065, kcal: 3838

Für den Streuselteig
300 g Weizenmehl
120 g Zucker
1 Pck. Vanillin-Zucker
175 g zerlassene, abgekühlte Butter

Für den Apple Crumble
1 Apfel
evtl. gemahlener Zimt

Für den Orangen-Marzipan-Kuchen
100 g Marzipan-Rohmasse
20 g weiche Butter oder Margarine
$1^1/_2$ EL Orangenmarmelade
1 Eigelb
etwas Milch

1 Für den Teig Mehl in eine Rührschüssel sieben, mit Zucker und Vanillin-Zucker mischen. Butter hinzufügen. Alle Zutaten mit Handrührgerät mit Knethaken zu Streuseln von gewünschter Größe verarbeiten. Die Streusel etwa 30 Minuten kalt stellen.

2 Für den **Apple Crumble** den Apfel schälen, halbieren, entkernen und in Scheiben schneiden. Die Apfelscheiben mit knapp der Hälfte der Streusel vermengen und in die gefettete Gratinform füllen. Nach Belieben mit etwas Zimt bestäuben.

3 Für den **Orangen-Marzipan-Kuchen** die Marzipan-Rohmasse mit Butter oder Margarine und Orangenmarmelade mit Handrührgerät mit Rührbesen verrühren.

4 Die restlichen Streusel zu einem glatten Teig verkneten (evtl. 1 Eßlöffel Wasser hinzugeben). Den Teig auf der bemehlten Arbeitsfläche zu einem Rechteck von 18 x 40 cm ausrollen. Die Orangen-Marzipan-Masse darauf streichen, den Teig von der kürzeren Seite her aufrollen und in die gefettete Kastenform legen.

5 Das Eigelb mit etwas Milch verrühren und den Teig damit bestreichen. Die Teigoberfläche mehrmals mit einer Schere 1 cm tief kreuzweise einschneiden.

6 Die Gratin- und die Kastenform zusammen auf dem Rost in den Backofen schieben.

Ober-/Unterhitze:
170–200 °C (vorgeheizt)
Heißluft: 150–170 °C (nicht vorgeheizt)
Gas: Stufe 3–4 (vorgeheizt)
Backzeit:
Apple Crumble: etwa 25 Minuten
Orangen-Marzipan-Kuchen:
etwa 35 Minuten

aus 1 mach 2

Birnentarte & Blätterteigschnecken

TARTEFORM
ø: 20 cm
BACKBLECH
38 x 28 cm

Zubereitungszeit:
55 Minuten, ohne Auftauzeit
Backzeit:
Birnentarte: etwa 40 Minuten
Blätterteigschnecken:
etwa 10 Minuten

Insgesamt:
E: 29 g, F: 104 g, Kh: 105 g,
kJ: 6675, kcal: 1594

1 Pck. (300 g) TK-Blätterteig

Für die Birnentarte (Foto)
3 Birnen
2 EL Birnenbrand
100 g Doppelrahm-Frischkäse
100 ml Schlagsahne
1 Ei (Größe M)
1 EL Zucker
1 EL Speisestärke

Für die Blätterteigschnecken
20 g zerlassene,
abgekühlte Butter
30 g Zucker
1/2 Pck. Vanillin-Zucker

1 Den Blätterteig zugedeckt bei Zimmertemperatur auftauen lasssen.

2 Für die **Birnentarte** 2 Scheiben Blätterteig in die gefettete Tarteform legen, dabei die Teigränder über den Rand der Form abstehen lassen.

3 Für den Belag die Birnen schälen, halbieren, das Kerngehäuse entfernen, die Birnen mit Birnenbrand beträufeln.

4 Für den Guß Frischkäse mit Sahne, Ei, Zucker und Speisestärke verrühren.

5 Die Birnenhälften fächerartig einschneiden und als Fächer auf den Teig legen. Den Guß darübergießen. Die Form auf dem Rost in den Backofen schieben.

Ober-/Unterhitze:
etwa 180 °C (vorgeheizt)
Heißluft: etwa 160 °C
(nicht vorgeheizt)
Gas: Stufe 3–4 (vorgeheizt)
Backzeit: etwa 40 Minuten

6 Für die **Blätterteigschnecken** die restlichen Blätterteigplatten aufeinanderlegen, zu einem Rechteck ausrollen und mit der Butter bestreichen.

7 Zucker und Vanillin-Zucker mischen und den Teig damit bestreuen. Den Teig von der längeren Seite her aufrollen und in knapp 1 cm dicke Scheiben schneiden.

8 Die Scheiben auf das mit Wasser besprenkelte Backblech legen und in den Backofen schieben.

Ober-/Unterhitze:
200–220 °C (vorgeheizt)
Heißluft: 170–180 °C (nicht vorgeheizt)
Gas: Stufe 3–4 (vorgeheizt)
Backzeit: etwa 10 Minuten

9 Die Blätterteigschnecken vom Backblech lösen und auf einem Kuchenrost erkalten lassen.

Tip: Die Birnentarte mit Puderzucker bestäubt servieren. Je nach Saison können die Obstsorten für die Tarte variieren oder auch Birnen aus der Dose genommen werden.

aus 1 mach 2

Erdbeertorte mit Camparigūß & Beerenschiffchen

SPRINGFORM
ø: 18 cm
Inhalt: 1250 l
12 SCHIFFCHEN-FORMEN
7 x 3 cm

Zubereitungszeit:
70 Minuten, ohne Kühlzeit
Backzeit:
Erdbeertorte:
etwa 20 Minuten
Beerenschiffchen:
etwa 12 Minuten

Insgesamt:
E: 27 g, F: 90 g, Kh: 230 g,
kJ: 8854, kcal: 2117

Für den Knetteig
200 g Weizenmehl
30 g Zucker
1 Eigelb (Größe M)
1 EL Sherry oder Schlagsahne
100 g Butter

Für die Erdbeertorte
250 g vollreife,
kleine Erdbeeren
1 Pck. Tortenguß, klar
1 EL Zucker
100 ml Wasser
100 ml Apfelsaft
5 El Campari

aus 1 mach 2

Für die Beerenschiffchen
250 g Brombeeren
200 ml Schlagsahne
1 Pck. Sahnesteif
1 Pck. Vanillin-Zucker
2 EL Eierlikör

1 Für den Teig Mehl in eine Rührschüssel sieben. Zucker, Eigelb, Sherry oder Schlagsahne und Butter hinzufügen. Die Zutaten mit Handrührgerät mit Knethaken zunächst kurz auf niedrigster, dann auf höchster Stufe gut durcharbeiten, anschließend auf der Arbeitsfläche zu einem glatten Teig verkneten. Etwa 1 Stunde kühlen.

2 Für die **Erdbeertorte** gut die Hälfte des Teiges auf der bemehlten Arbeitsfläche zu einem Kreis (Ø etwa 21 cm) ausrollen.

3 Die Teigplatte in die Springform (Boden gefettet) legen. Dabei den überstehenden Teig als Rand in die Form drücken. Den Teigboden mehrmals mit einer Gabel einstechen.

4 Für die **Beerenschiffchen** den restlichen Teig ausrollen und kleine, gefettete Schiffchenformen damit auslegen. Den Teig mehrmals mit einer Gabel einstechen. Die Springform und die Schiffchenformen auf dem Rost in den Backofen schieben.

Ober-/Unterhitze:
etwa 200 °C (vorgeheizt)
Heißluft: etwa 180 °C
(nicht vorgeheizt)
Gas: Stufe 3–4 (vorgeheizt)
Backzeit:
Beerenschiffchen: etwa 12 Minuten
Erdbeertorte: etwa 20 Minuten

5 Die Gebäcke nach dem Backen aus den Formen lösen und auf einem Kuchenrost erkalten lassen.

6 Für die Erdbeertorte Erdbeeren waschen, abtropfen lassen, entstielen, halbieren und auf dem Tortenboden verteilen.

7 Den Tortenguß nach Packungsaufschrift – aber mit Zucker, Wasser, Apfelsaft und Campari – zubereiten, über die Erdbeeren verteilen und erkalten lassen.

8 Für die Beerenschiffchen Brombeeren putzen, vorsichtig waschen, abtropfen lassen und auf die Schiffchen verteilen. Sahne mit Sahnesteif und Vanillin-Zucker steif schlagen. Eierlikör unterheben und auf die Brombeeren geben.

Tip: Nach Belieben die Torte mit gebräunten Mandeln garnieren. Die Schiffchen können auf Vorrat in einer luftdicht verschlossenen Dose gelagert werden.

Marzipan-Kirsch-Kuchen & Studentenmuffins

BACKBLECH
35 x 18,5 cm
12 PAPIERBACK-FÖRMCHEN

Zubereitungszeit:
20 Minuten, ohne Backzeit
Backzeit:
Marzipan-Kirsch-Kuchen:
etwa 40 Minuten
Studentenmuffins:
etwa 25 Minuten

Insgesamt:
E: 124 g, F: 352 g, Kh: 719 g,
kJ: 28449, kcal: 6794

Für den Rührteig
100 g Marzipan-Rohmasse
50 ml Schlagsahne
250 g weiche Butter
200 g Zucker
1 Pck. Vanillin-Zucker
6 Eier (Größe M)
400 g Weizenmehl
2 TL Backpulver
etwa 100 ml Milch

Für den Marzipan-Kirsch-Kuchen
500 g Sauerkirschen
(aus dem Glas)
Puderzucker

Für die Studentenmuffins
150 g Studentenfutter

1 Für den Teig Marzipan-Rohmasse und Sahne mit Handrührgerät mit Rührbesen gut verrühren. Butter hinzufügen und alles auf höchster Stufe geschmeidig rühren. Zucker und Vanillin-Zucker nach und nach unterrühren, so lange rühren, bis eine gebundene Masse entstanden ist. Eier nach und nach unterrühren (jedes Ei etwa 1/2 Minute).

2 Mehl mit Backpulver mischen, sieben und abwechselnd portionsweise mit Milch auf mittlerer Stufe unterrühren (nur soviel Milch verwenden, daß der Teig schwer-reißend von einem Löffel fällt).

3 Für den **Marzipan-Kirsch-Kuchen** die Kirschen auf einem Sieb abtropfen lassen. Die Hälfte des Teiges auf das gefettete Backblech streichen und die Kirschen darauf verteilen.

4 Für die **Studentenmuffins** das Studentenfutter grob hacken und unter den restlichen Teig heben (2 Eßlöffel zum Bestreuen zurücklassen). Den Teig in die Papierbackförmchen füllen. Die Förmchen zusammen mit dem Backblech auf dem Rost in den Backofen schieben.

Ober-/Unterhitze:
etwa 180 °C (vorgeheizt)
Heißluft: etwa 160 °C
(nicht vorgeheizt)
Gas: etwa Stufe 3 (vorgeheizt)
Backzeit:
Studentenmuffins: etwa 25 Minuten
Marzipan-Kirsch-Kuchen:
etwa 40 Minuten

5 Den Marzipan-Kirsch-Kuchen auf dem Blech erkalten lassen und mit Puderzucker bestäuben.

6 Die Studentenmuffins in den Förmchen erkalten lassen.

Tip: Zum Verrühren von Marzipan-Rohmasse und Sahne evtl. den Pürierstab nehmen.

aus 1 mach 2

Traubenfladen & Streuselschnecken

BACKBLECH
38 x 28 cm

Zubereitungszeit:
70 Minuten
Backzeit:
etwa 15 Minuten

Insgesamt:
E: 96 g, F: 205 g, Kh: 627 g, kJ: 20723, kcal: 4948

Für den Quark-Öl-Teig
400 g Weizenmehl
1 Pck. Backpulver
200 g Magerquark
100 ml Milch
100 ml Speiseöl
60 g Zucker
1 Pck. Vanillin-Zucker
1 Prise Salz

Für den Traubenfladen
375 g blaue und grüne Weintrauben
3 EL grober Haushaltszucker

Für die Streuselschnecken
100 g Weizenmehl
35 g abgezogene, gemahlene Mandeln
50 g Zucker
75 g weiche oder zerlassene, abgekühlte Butter
50 g grob gehackte Vollmilchschokolade

1 Für den Teig Mehl mit Backpulver mischen und in eine Rührschüssel sieben. Quark, Milch, Öl, Zucker, Vanillin-Zucker und Salz hinzufügen.

2 Die Zutaten mit Handrührgerät mit Knethaken auf höchster Stufe in etwa 1 Minute zu einem Teig verarbeiten (nicht zu lange, Teig klebt sonst).

3 Für den **Traubenfladen** die Hälfte des Teiges zu einem etwa 35 x 22 cm großen, ovalen Fladen ausrollen und auf die eine Hälfte des gefetteten Backblechs legen.

4 Die Weintrauben gründlich waschen, trockentupfen, halbieren, entkernen und auf dem Teigfladen verteilen. Den Zucker über den Fladen streuen.

5 Für die **Streuselschnecken** Mehl in eine Rührschüssel sieben, mit Mandeln und Zucker mischen und Butter hinzufügen. Alle Zutaten mit Handrührgerät mit Knethaken zu Streuseln von gewünschter Größe verarbeiten.

6 Die zweite Teighälfte auf eine Größe von etwa 35 x 22 cm ausrollen, die Streusel darauf verteilen und mit der Schokolade bestreuen. Den Teig von der längeren Seite her aufrollen und in $1\frac{1}{2}$ cm dicke Scheiben schneiden. Die Teigscheiben mit auf das Backblech legen (mit Abstand). Das Backblech in den Backofen schieben.

Ober-/Unterhitze:
etwa 200 °C (vorgeheizt)
Heißluft: etwa 180 °C
(nicht vorgeheizt)
Gas: Stufe 3–4 (vorgeheizt)
Backzeit: etwa 15 Minuten

aus 1 mach 2

Amerikaner & Orangenwaffeln

BACKBLECH
35 x 18,5 cm
WAFFELEISEN

Zubereitungszeit:
40 Minuten
Backzeit:
Amerikaner: 20–25 Minuten
Pro Waffel: etwa 3 Minuten

Insgesamt:
E: 55 g, F: 131 g, Kh: 441 g,
kJ: 13619, kcal: 3254

Für den Rührteig
65 g Butter oder Margarine
90 g Zucker
1 Pck. Vanillin-Zucker
2 Eier (Größe M)
250 g Weizenmehl
3 gestr. TL Backpulver
100 ml Milch

Für die Amerikaner (Foto)
3 EL Milch
50 g Kuvertüre
100 g gesiebter Puderzucker
1–2 EL Zitronensaft

Für die Orangenwaffeln
abgeriebene Schale von
1 Orange (unbehandelt)
125 ml (1/8 l) Schlagsahne
1 Pck. Vanillin-Zucker
1 TL Kakaopulver

1 Für den Teig Butter oder Margarine mit Handrührgerät mit Rührbesen auf höchster Stufe geschmeidig rühren. Nach und nach Zucker und Vanillin-Zucker hinzufügen, so lange rühren, bis eine gebundene Masse entstanden ist. Eier nach und nach unterrühren (jedes Ei etwa 1/2 Minute).

2 Mehl mit Backpulver mischen, sieben und abwechselnd portionsweise mit Milch auf mittlerer Stufe unterrühren (nur so viel Milch verwenden, daß der Teig schwer-reißend von einem Löffel fällt).

3 Für die **Amerikaner** aus dem Teig mit Hilfe von 2 Eßlöffeln 6 gleichmäßige Häufchen auf das mit Backpapier belegte Backblech geben und mit einem angefeuchteten Messer kuppelartig formen. Das Backblech auf dem Rost in den Backofen schieben.

Ober-/Unterhitze:
etwa 180 °C (vorgeheizt)
Heißluft: etwa 160 °C
(nicht vorgeheizt)
Gas: etwa Stufe 3 (vorgeheizt)
Backzeit: 20–25 Minuten

4 Nach etwa 15 Minuten Backzeit die Oberfläche der Amerikaner mit Milch bestreichen.

5 Die Kuvertüre in einem kleinen Topf im Wasserbad zu geschmeidiger Masse verrühren. Puderzucker mit Zitronensaft glattrühren. Die Unterseiten der noch heißen Amerikaner jeweils zur Hälfte mit Schokoladen- und mit Puderzuckerguß bestreichen. Nach Belieben mit einem Holzstab durch den Guß ziehen, so daß Schlieren entstehen.

6 Für die **Orangenwaffeln** den restlichen Teig mit der Orangenschale verrühren und in einem gefetteten Waffeleisen in jeweils etwa 3 Minuten etwa 4 Waffeln backen.

7 Sahne mit Vanillin-Zucker und Kakao steif schlagen und zu den Waffeln reichen.

Tip: Die Amerikaner können natürlich auch auf einem „normal" großen Backblech gebacken werden.

aus 1 mach 2

Zebrakuchen & Schachbrettkuchen mit Orangensahne

SPRINGFORM
ø: 18 cm
Inhalt: 1250 ml
BACKBLECH
35 x 18,5 cm

Zubereitungszeit:
75 Minuten
Backzeit:
etwa 35 Minuten

Insgesamt:
E: 89 g, F: 367 g, Kh: 654 g,
kJ: 27084, kcal: 6470

Für den Teig
5 Eigelb (Größe M)
200 g Zucker
1 Pck. Vanillin-Zucker
1/2 Fläschchen Butter-Vanille-Aroma
125 ml (1/8 l) lauwarmes Wasser
250 ml (1/4 l) Speiseöl
375 g Weizenmehl
1 Pck. Backpulver
5 Eiweiß (Größe M)
2 EL Kakaopulver

Für den Zebrakuchen
150 g gesiebter Puderzucker
3 EL Orangensaft

Für die Orangensahne
250 ml (1/4 l) Schlagsahne
abgeriebene Schale von 1 Orange (unbehandelt)
1/2 EL Zucker

1 Für den Teig Eigelb, Zucker und Vanillin-Zucker mit Handrührgerät mit Rührbesen schaumig rühren. Butter-Vanille-Aroma, Wasser und Öl unterrühren.

2 Mehl mit Backpulver mischen, sieben und portionsweise auf mittlerer Stufe unterrühren. Eiweiß steif schlagen und unterziehen. Unter die Hälfte des Teiges den Kakao rühren.

3 Für den **Zebrakuchen** mit jeweils der Hälfte der hellen und dunklen Teigmenge zunächst 2 Eßlöffel des hellen Teiges in die Mitte der Springform (Boden gefettet, mit Semmelbröseln bestreut) geben (nicht verteilen!). Auf den hellen Teig 2 Eßlöffel von dem dunklen Teig geben (nicht daneben).

4 Den Vorgang wiederholen, bis der Teig aufgebraucht ist. Den Teig nicht glattstreichen.

5 Die zweite Teighälfte für den **Schachbrettkuchen** verwenden. Den hellen Teig in Abständen als Häufchen auf das gefettete Backblech verteilen. Den dunklen Teig in die Zwischenräume setzen.

6 Die Springform und das Backblech auf dem Rost in den Backofen schieben.

Ober-/Unterhitze:
etwa 180 °C (vorgeheizt)
Heißluft: etwa 160 °C
(nicht vorgeheizt)
Gas: Stufe 2–3 (nicht vorgeheizt)
Backzeit: etwa 35 Minuten

7 Den Zebrakuchen aus der Springform lösen und auf einem Kuchenrost, den Schachbrettkuchen auf dem Backblech erkalten lassen.

8 Für den Zebrakuchen Puderzucker und Orangensaft verrühren und den erkalteten Kuchen damit überziehen.

9 Für die Orangensahne Sahne steif schlagen, mit Orangenschale und Zucker abschmecken. Den Schachbrettkuchen in Dreiecke schneiden und mit der Sahne servieren.

Tip: Wer nur einen der beiden Kuchen backen möchte, bereitet den Teig aus 2 Eigelb (Größe L), 100 g Zucker, 1 Päckchen Vanillin-Zucker, 3–4 Tropfen Butter-Vanille-Aroma, 60 ml lauwarmem Wasser, 125 ml (1/8 l) Speiseöl, 180 g Weizenmehl, 1/2 Päckchen Backpulver, 2 Eiweiß (Größe L) und 1 Eßlöffel Kakaopulver.

aus 1 mach 2

Mohnkranz & Kolatschen

BACKBLECH
38 x 28 cm

Zubereitungszeit:
65 Minuten
Backzeit:
Mohnkranz: etwa 35 Minuten
Kolatschen: etwa 20 Minuten

Insgesamt:
E: 105 g, F: 231 g, Kh: 494 g,
kJ: 19571, kcal: 4675

Für den Quark-Öl-Teig
300 g Weizenmehl
1 Pck. Backpulver
150 g Speisequark
6 EL Milch
6 EL Speiseöl
80 g Zucker
1 Pck. Vanillin-Zucker
1 Prise Salz

Für den Mohnkranz (Foto)
125 g gemahlener Mohn
75 g zerlassene Butter
75 g Zucker
1/2 Pck. Vanillin-Zucker
2 Tropfen Bittermandel-Aroma
1 Ei (Größe M)
15 g abgezogene, gemahlene Mandeln
50 g gewürfeltes Zitronat
35 g Rosinen
1 Eigelb
1 EL Milch

Für die Kolatschen
100 g Magerquark
1 Pck. Saucenpulver Vanille-Geschmack
15 g Zucker
2 EL Milch
100 g Pflaumenmus

1 Für den Teig Mehl mit Backpulver mischen, in eine Rührschüssel sieben. Quark, Milch, Öl, Zucker, Vanillin-Zucker und Salz hinzufügen, mit Handrührgerät mit Knethaken auf höchster Stufe in etwa 1 Minute verarbeiten (nicht zu lange, Teig klebt sonst).

2 Für den **Mohnkranz** die Hälfte des Teiges auf der leicht bemehlten Arbeitsfläche zu einer Rolle formen, zu einem Rechteck (30 x 25 cm) ausrollen.

3 Für die Füllung Mohn mit Butter, Zucker, Vanillin-Zucker, Bittermandel-Aroma, Ei, Mandeln, Zitronat und Rosinen verrühren. Die Teigplatte damit bestreichen und von der längeren Seite her aufrollen.

4 Die Rolle als Kranz auf die eine Hälfte des mit Backpapier belegten Backblechs legen und sternförmig etwa 1/2 cm tief einschneiden. Eigelb mit Milch verschlagen und den Kranz damit bestreichen.

5 Für die **Kolatschen** Quark, Saucenpulver, Zucker und Milch miteinander verrühren. Den restlichen Teig zu 6 Kugeln formen, diese flach drücken (etwa 1/2 cm dick) und neben den Mohnkranz auf das Backblech legen.

6 Auf jedes Teigstück je 2 Kleckse Pflaumenmus und 2 Kleckse der Quarkmischung verteilen. Die Teigränder mit der restlichen Eigelbmilch bestreichen. Das Backblech in den Backofen schieben.

Ober-/Unterhitze:
etwa 180 °C (vorgeheizt)
Heißluft: etwa 160 °C
(nicht vorgeheizt)
Gas: etwa Stufe 3 (vorgeheizt)
Backzeit:
Kolatschen: etwa 20 Minuten
Mohnkranz: etwa 35 Minuten

aus 1 mach 2

Haselnußkranz & Teegebäck

BACKBLECH
35 x 18,5 cm

Zubereitungszeit:
70 Minuten
Backzeit:
Haselnußkranz:
etwa 45 Minuten
Teegebäck: 8–10 Minuten

Insgesamt:
E: 63 g, F: 182 g, Kh: 389 g,
kJ: 14944, kcal: 3570

Für den Knetteig
300 g Weizenmehl
2 gestr. TL Backpulver
100 g Zucker
1 Pck. Vanillin-Zucker
1 Prise Salz
1 Ei (Größe M)
2 EL Milch oder Wasser
125 g Butter oder Margarine

Für den Haselnußkranz (Foto)
100 g gemahlene Haselnußkerne
50 g Zucker
2–3 Tropfen Bittermandel-Aroma
1/2 Eigelb
1 Eiweiß
etwa 2 EL Wasser
1/2 Eigelb
1 EL Milch

Für das Teegebäck
Milch
Zucker
Konfitüre
Puderzucker

1 Für den Teig Mehl mit Backpulver mischen und in eine Rührschüssel sieben. Zucker, Vanillin-Zucker, Salz, Ei, Milch oder Wasser und Butter oder Margarine hinzufügen.

2 Die Zutaten mit Handrührgerät mit Knethaken zunächst kurz auf niedrigster, dann auf höchster Stufe gut durcharbeiten. Anschließend auf der Arbeitsfläche zu einem glatten Teig verkneten. Sollte er kleben, ihn eine Zeitlang kalt stellen.

3 Für den **Haselnußkranz** Haselnußkerne mit Zucker, Bittermandel-Aroma, Eigelb, Eiweiß und Wasser zu einer geschmeidigen Masse verrühren.

4 Die Hälfte des Teiges zu einem Rechteck (etwa 25 x 15 cm) ausrollen und die Nußmasse darauf streichen. Den Teig von der längeren Seite her aufrollen und als Kranz auf das gefettete Backblech legen.

5 Eigelb mit Milch verschlagen, den Kranz damit bestreichen und sternförmig einschneiden. Das Backblech in den Backofen schieben.

Ober-/Unterhitze:
170–200 °C (vorgeheizt)
Heißluft: 160–170 °C (nicht vorgeheizt)
Gas: Stufe 3–4 (nicht vorgeheizt)
Backzeit: etwa 45 Minuten

6 Den restlichen Teig zu **Teegebäck** verarbeiten. Für Brezeln aus dem Teig bleistiftdicke, 10–12 cm lange Rollen formen, zu Brezeln legen, mit etwas Milch bestreichen, in Zucker drücken, auf das mit Backpapier belegte Backblech legen und backen.

7 Für Fruchtplätzchen den Teig dünn ausrollen, runde Plätzchen und Ringe in gleicher Größe (Ø 6 cm) ausstechen, auf das mit Backpapier belegte Backblech legen und backen.

Ober-/Unterhitze:
180–200 °C (vorgeheizt)
Heißluft: 160–180 °C (nicht vorgeheizt)
Gas: Stufe 3–4 (vorgeheizt)
Backzeit: jedes Gebäck 8–10 Minuten

8 Die erkalteten Fruchtplätzchen auf der Unterseite mit Konfitüre bestreichen und auf jedes einen mit Puderzucker bestäubten Ring legen.

aus 1 mach 2

Eierlikörtorte, -Madeleines & Eierlikörwaffeln

SPRINGFORM
ø: 18 cm
Inhalt: 1250 ml
MADELEINE-BACKBLECH
WAFFELEISEN

Zubereitungszeit:
110 Minuten
Backzeit:
Eierlikörtorte:
etwa 25 Minuten
Madeleines: etwa 10 Minuten
Pro Waffel: etwa 3 Minuten

Insgesamt:
E: 78 g, F: 391 g, Kh: 524 g,
kJ: 27299, kcal: 6519

Für den Biskuitteig
5 Eier (Größe M)
200 g gesiebter Puderzucker
2 Pck. Vanillin-Zucker
250 ml (1/4 l) Speiseöl
250 ml (1/4 l) Eierlikör
125 g Weizenmehl
125 g Speisestärke
4 gestr. TL Backpulver

Für die Eierlikörtorte
250 ml (1/4 l) Schlagsahne
1 TL Sahnesteif
1 Pck. Vanillin-Zucker
100 g vorbereitete, gemischte Früchte, z.B. Erdbeeren, Himbeeren, Kumquats
30 g gehackte Pistazienkerne
2 EL Eierlikör

1 Für den Teig Eier, Puderzucker und Vanillin-Zucker mit Handrührgerät mit Rührbesen auf höchster Stufe in 1 Minute schaumig rühren. Öl und Eierlikör unterrühren.

2 Mehl mit Speisestärke und Backpulver mischen, sieben und portionsweise auf mittlerer Stufe unterrühren.

3 Für die **Eierlikörtorte** 1/3 des Teiges in die Springform (Boden gefettet, mit Backpapier belegt) füllen. Die Form auf dem Rost in den Backofen schieben.

Ober-/Unterhitze:
etwa 180 °C (vorgeheizt)
Heißluft: –
Gas: Stufe 3–4 (vorgeheizt)
Backzeit: etwa 25 Minuten

4 Den Boden aus der Form lösen, auf einen Kuchenrost stürzen, Backpapier abziehen und den Boden erkalten lassen.

5 Für den Belag Sahne mit Sahnesteif und Vanillin-Zucker steif schlagen und kuppelartig auf den Boden streichen. Mit Hilfe eines Teelöffels kleine Vertiefungen eindrücken und die vorbereiteten Früchte auf der Torte verteilen. Den Tortenrand mit Pistazien garnieren und die Torte mit Eierlikör beträufeln.

6 Für die **Eierlikör-Madeleines** das zweite Teigdrittel in ein gut gefettetes, mit Mehl bestäubtes Madeleinebackblech füllen, dabei die Mulden nicht randvoll mit Teig füllen. Das Madeleinebackblech auf dem Rost in den Backofen schieben.

Ober-/Unterhitze:
etwa 200 °C (vorgeheizt)
Heißluft: –
Gas: Stufe 3–4 (vorgeheizt)
Backzeit: etwa 10 Minuten

7 Für die **Eierlikörwaffeln** von dem restlichen Teigdrittel jeweils 3 Eßlöffel in ein gefettetes, gut erhitztes Waffeleisen geben und goldgelb backen.

Tip: Die Eierlikörwaffeln vor dem Servieren mit Puderzucker bestäuben.

aus 1 mach 3

Apfeltaschen, Aprikosennester & Rosinenbrötchen

BACKBLECH
38 x 28 cm

Zubereitungszeit:
60 Minuten
Backzeit:
20–25 Minuten

Insgesamt:
E: 83 g, F: 126 g, Kh: 438 g,
kJ: 14307, kcal: 3416

Für den Quark-Öl-Teig
300 g Weizenmehl
1 Pck. Backpulver
150 g Magerquark
6 EL Milch
6 EL Speiseöl
80 g Zucker
1 Pck. Vanillin-Zucker
1 Prise Salz

Für die Apfeltaschen (Foto)
1/2 Apfel
gemahlener Zimt

Für die Aprikosennester
1 kleine Dose Aprikosenhälften (Abtropfgewicht 135 g)

Für Apfeltaschen und Aprikosennester
100 g Marzipan-Rohmasse
2 EL Orangenlikör
2 EL gesiebter Puderzucker
1 Eiweiß

Für die Rosinenbrötchen
30 g Rosinen
1 EL abgezogene, gestiftelte Mandeln
1 TL Hagelzucker

Zum Bestreichen
1 Eigelb
1 EL Milch

1 Für den Teig Mehl mit Backpulver mischen, in eine Rührschüssel sieben. Quark, Milch, Öl, Zucker, Vanillin-Zucker und Salz hinzufügen, mit Handrührgerät mit Knethaken auf höchster Stufe in etwa 1 Minute verarbeiten (nicht zu lange, Teig klebt sonst).
Aus dem Teig eine Rolle formen und in 9 Stücke schneiden.

2 Für die **Apfeltaschen** Apfel schälen, vierteln, entkernen und in feine Stücke schneiden. 3 Teigstücke flach drücken (Ø etwa 12 cm), die Apfelstücke in die Mitte geben und mit etwas Zimt bestäuben. Die Teigstücke nicht zu eng auf das mit Backpapier belegte Backblech legen.

3 Für die **Aprikosennester** Aprikosenhälften auf einem Sieb abtropfen lassen. 3 Teigstücke flach drücken (Ø etwa 10 cm) und jeweils in die Mitte die Aprikosenhälften verteilen. Die Teigstücke ebenfalls auf das Backblech legen.

4 Für Apfeltaschen und Aprikosennester Marzipan-Rohmasse mit Orangenlikör, Puderzucker und Eiweiß geschmeidig rühren. Die Masse in einen Spritzbeutel mit kleiner Loch- oder Sterntülle füllen und ein Gitter über die Aprikosen spritzen. Die restliche Masse auf die Apfelstücke spritzen.

5 Für die **Rosinenbrötchen** die übrigen 3 Teigstücke mit jeweils 1/3 der Rosinen verkneten, zu runden Brötchen formen und auf das Backblech setzen.

6 Zum Bestreichen Eigelb mit Milch verrühren und alle Teigstücke damit bestreichen. Die Apfelteigstücke zu Taschen zusammenklappen, die Ränder gut andrücken und die Apfeltaschen nochmals mit Eigelbmilch bestreichen. Die Rosinenbrötchen mit Mandeln und Hagelzucker bestreuen. Das Backblech in den Backofen schieben.

Ober-/Unterhitze:
etwa 200 °C (vorgeheizt)
Heißluft: etwa 180 °C
(nicht vorgeheizt)
Gas: Stufe 3–4 (vorgeheizt)
Backzeit: 20–25 Minuten

aus 1 mach 3

Buchteln, Birnenbrioches & Mohnschnecken

Zubereitungszeit:
110 Minuten
Backzeit:
Buchteln und Birnenbrioches:
etwa 25 Minuten
Mohnschnecken:
etwa 20 Minuten

Insgesamt:
E: 78 g, F: 200 g, Kh: 496 g,
kJ: 17846, kcal: 4264

Für den Hefeteig
500 g Weizenmehl
1 Pck. Trockenhefe
50 g Zucker
1 Pck. Vanillin-Zucker
1 Prise Salz
3 Eigelb (Größe M)
200 ml lauwarme Milch
150 g zerlassene,
abgekühlte Butter

Für die Buchteln
50 g zerlassene Butter
1 EL Puderzucker

Für die Birnenbrioches
1/2 Birne
1 Eigelb (Größe M)
1 TL Milch
1 EL Hagelzucker

Für die Mohnschnecken
1/2 Pck. Mohn-back
30 g Rosinen

1 Für den Teig Mehl in eine Rührschüssel sieben und mit Hefe sorgfältig vermischen. Zucker, Vanillin-Zukker, Salz, Eigelb, Milch und Butter hinzufügen. Die Zutaten mit Handrührgerät mit Knethaken zunächst auf niedrigster, dann auf höchster Stufe in etwa 5 Minuten zu einem Teig verarbeiten.

2 Den Teig zugedeckt an einem warmen Ort so lange stehen lassen, bis er sich sichtbar vergrößert hat, auf der bemehlten Arbeitsfläche kurz durchkneten und in 3 Teile teilen.

3 Für die **Buchteln** aus einem Teigdrittel 12–14 walnußgroße Kugeln formen, nicht zu eng in eine gefettete Auflaufform (Ø 22 cm) setzen, mit gut der Hälfte der Butter bestreichen. Zugedeckt etwa 20 Minuten gehen lassen.

4 Für die **Birnenbrioches** die Birne schälen, vierteln, entkernen und in etwa walnußgroße Stücke schneiden. Das zweite Teigdrittel zu 6 Kugeln formen, 5 davon mit der Hand flach drükken, jeweils 1 Birnenstück in die Teigmitte legen und den Teig darüber verschließen. Mit den Teigenden nach unten in Papierbackfömchen legen. Die übrige Teigkugel zu 5 kleinen Kugeln formen und je 1 Kugel auf jede Brioche drücken. Das Eigelb mit Milch verrühren, die Brioches damit bestreichen und mit Hagelzucker bestreuen.

5 Die Auflaufform und die Papierbackförmchen auf dem Rost in den Backofen schieben.

Ober-/Unterhitze:
etwa 180 °C (vorgeheizt)
Heißluft: etwa 160 °C
(nicht vorgeheizt)
Gas: etwa Stufe 3 (vorgeheizt)
Backzeit: etwa 25 Minuten

6 Die Buchteln nach dem Backen mit der restlichen Butter bestreichen und mit Puderzucker bestäuben.

7 Für die **Mohnschnecken** das letzte Teigdrittel auf der bemehlten Arbeitsfläche zu einem etwa 1/2 cm dicken Rechteck ausrollen. Mohn-back darauf streichen und die Rosinen darauf verteilen. Den Teig von der längeren Seite her aufrollen, in 4–6 Scheiben schneiden, nicht zu eng auf ein mit Backpapier belegtes Backblech legen und zugedeckt noch etwa 30 Minuten gehen lassen. Danach das Backblech in den Backofen schieben.

Ober-/Unterhitze:
etwa 200 °C (vorgeheizt)
Heißluft: etwa 180 °C
(nicht vorgeheizt)
Gas: Stufe 3–4 (vorgeheizt)
Backzeit: etwa 20 Minuten

aus 1 mach 3

Zitronenschnitten, Apfelküchlein & Geburtstagsherz

BACKBLECH
35 x 18,5 cm
4 GRATINFÖRMCHEN
ø: 10 cm
HERZFORM
13 x 12 cm
Inhalt: 250 ml

Zubereitungszeit:
60 Minuten
Backzeit:
25–30 Minuten

Insgesamt:
E: 117 g, F: 428 g, Kh: 651 g,
kJ: 30066, kcal: 7185

Für den Rührteig
300 g Butter oder Margarine
200 g Zucker
1 Pck. Vanillin-Zucker
abgeriebene Schale und Saft von 1 Zitrone (unbehandelt)
6 Eier (Größe M)
500 g Weizenmehl
1 Pck. Backpulver
250 g Schmand (Sauerrahm)

Für die Zitronenschnitten
200 ml Schlagsahne
geschabte Schokolade

Für die Apfelküchlein
1 Apfel
1 EL abgezogene, gestiftelte Mandeln
1 EL Zimtzucker
1 EL Puderzucker

Für das Geburtstagsherz
2 EL Kokosraspel
100 ml Schlagsahne
3–5 Kokos-Pralinen

1 Für den Teig Butter oder Margarine mit Handrührgerät mit Rührbesen auf höchster Stufe geschmeidig rühren. Nach und nach Zucker, Vanillin-Zucker und Zitronenschale und -saft unterrühren, so lange rühren, bis eine gebundene Masse entstanden ist. Eier nach und nach unterrühren (jedes Ei etwa 1/2 Minute).

2 Mehl mit Backpulver mischen, sieben und portionsweise unterrühren. Schmand unterrühren.

3 Für die **Zitronenschnitten** die Hälfte des Teiges auf das gefettete Backblech streichen.

4 Für die **Apfelküchlein** je gut 1 Eßlöffel Teig in jedes gefettete Gratinförmchen füllen. Den Apfel schälen, vierteln, entkernen und in Scheiben schneiden. Je ein Viertel der Apfelscheiben fächerartig auf dem Teig verteilen. Die Apfelscheiben mit den Mandeln und etwas Zimtzucker bestreuen.

aus 1 mach 3

5 Für das **Geburtstagsherz** den restlichen Teig mit der Hälfte der Kokosraspeln vermengen und in die gut gefettete Herzform streichen. Das Backblech und die Backformen auf dem Rost in den Backofen schieben (mittlere Schiene).

Ober-/Unterhitze:
etwa 180 °C (vorgeheizt)
Heißluft: etwa 160 °C (nicht vorgeheizt)
Gas: etwa Stufe 3 (vorgeheizt)
Backzeit: 25–30 Minuten

6 Den Boden für die Zitronenschnitten auf dem Backblech erkalten lassen, die restlichen Gebäcke vorsichtig aus den Förmchen lösen, auf einen Kuchenrost stürzen und erkalten lassen.

7 Für die Zitronenschnitten Sahne steif schlagen und den Boden damit bestreichen. Mit der Schokolade garnieren.

8 Die Apfelküchlein mit Puderzucker bestäuben.

9 Für das Geburtstagsherz Sahne steif schlagen, das Herz damit rundherum bestreichen und mit den restlichen Kokosraspeln bestreuen. Das Herz mit Kokos-Pralinen garnieren.

Marmorierter Kokoskuchen

NAPFKUCHENFORM

ø: 16 cm
Inhalt: 1150 ml

Zubereitungszeit:
40 Minuten
Backzeit:
etwa 50 Minuten

Insgesamt:
E: 53 g, F: 48 g, Kh: 339 g,
kJ: 9182, kcal: 2195

Für den Rührteig
- 150 g Butter oder Margarine
- 75 g Zucker
- 1 Pck. Vanillin-Zucker
- 3 Eier (Größe M)
- 180 g Weizenmehl
- 1 TL Backpulver
- 4 EL Eierlikör
- 1 kleine Dose Mandarin-Orangen (Abtropfgewicht 150 g)
- 1 gestr. EL Kakaopulver
- 1 EL Kokosraspel

Für den Guß
- 100 g Halbbitter-Kuvertüre
- 2 EL Kokosraspel

1 Für den Teig Butter oder Margarine mit Handrührgerät mit Rührbesen auf höchster Stufe geschmeidig rühren. Nach und nach Zucker und Vanillin-Zucker unterrühren, so lange rühren, bis eine gebundene Masse entstanden ist. Eier nach und nach unterrühren (jedes Ei etwa 1/2 Minute).

2 Mehl mit Backpulver mischen, sieben und abwechselnd portionsweise mit der Hälfte des Eierlikörs auf mittlerer Stufe unterrühren.

3 Mandarin-Orangen auf einem Sieb abtropfen lassen, unter die Hälfte des Teiges rühren und in die gefettete Napfkuchenform füllen. Die zweite Teighälfte mit Kakao, Kokosraspeln und dem restlichen Eierlikör verrühren und auf dem hellen Teig verteilen.

4 Den dunklen Teig mit einer Gabel spiralförmig durch den hellen Teig ziehen. Die Form auf dem Rost in den Backofen schieben.

Ober-/Unterhitze:
etwa 180 °C (vorgeheizt)
Heißluft: etwa 160 °C
(nicht vorgeheizt)
Gas: etwa Stufe 3 (nicht vorgeheizt)
Backzeit: etwa 50 Minuten

5 Den Kuchen etwa 10 Minuten in der Form stehen lassen, ihn dann auf einen Kuchenrost stürzen und erkalten lassen.

6 Für den Guß die Kuvertüre in einem kleinen Topf im Wasserbad zu geschmeidiger Masse verrühren, den Kuchen damit überziehen und mit Kokosraspeln bestreuen.

Tip: Der Eierlikör kann auch durch dieselbe Menge Milch ersetzt werden.

Gugelhupf

ø: 16 cm
Inhalt: 1150 ml

Zubereitungszeit:
60 Minuten
Backzeit:
etwa 50 Minuten

Insgesamt:
E: 35 g, F: 99 g, Kh: 228 g,
kJ: 8406, kcal: 2008

Für den Rührteig
100 g Butter oder Margarine
80 g Zucker
1 Pck. Vanillin-Zucker
2 Eier (Größe M)
150 g Weizenmehl
1/2 Pck. Backpulver
50 ml Milch
20 g Rosinen
1 TL Weizenmehl

1 EL Puderzucker

1 Für den Teig Butter oder Margarine mit Handrührgerät mit Rührbesen auf höchster Stufe geschmeidig rühren. Nach und nach Zucker und Vanillin-Zucker unterrühren, so lange rühren, bis eine gebundene Masse entstanden ist. Eier nach und nach unterrühren (jedes Ei etwa 1/2 Minute).

2 Mehl mit Backpulver mischen, sieben und abwechselnd portionsweise mit Milch auf mittlerer Stufe unterrühren (nur so viel Milch verwenden, daß der Teig schwer-reißend von einem Löffel fällt). Die Rosinen mit dem Mehl vermengen und unter den Teig rühren.

3 Den Teig in die gefettete, mit Mehl ausgestreute Napfkuchenform füllen. Die Form auf dem Rost in den Backofen schieben.

Ober-/Unterhitze:
etwa 180 °C (vorgeheizt)
Heißluft: etwa 160 °C
(nicht vorgeheizt)
Gas: etwa Stufe 3 (nicht vorgeheizt)
Backzeit: etwa 50 Minuten

4 Den Gugelhupf auf einen Kuchenrost stürzen und erkalten lassen. Ihn dann mit Puderzucker bestäuben.

Italienischer Gugelhupf

NAPFKUCHENFORM
ø: 16 cm
Inhalt: 1150 ml

Zubereitungszeit:
35 Minuten
Backzeit:
etwa 45 Minuten

Insgesamt:
E: 54 g, F: 95 g, Kh: 250 g,
kJ: 9046, kcal: 2159

Für den Biskuitteig
50 g Halbbitter-Kuvertüre
30 g Butter
40 g Amaretti
(italienische Mandelkekse)
3 Eigelb (Größe M)
3 EL heißes Wasser
40 g Zucker
1 Pck. Vanillin-Zucker
1 Prise Salz
60 g Weizenmehl
25 g Speisestärke
1 Msp. Backpulver
3 Eiweiß (Größe M)

4 EL Kaffee
1 EL Kaffeelikör
100 g weiße Kuvertüre

1 Für den Teig Kuvertüre zerkleinern, zusammen mit der Butter in einem kleinen Topf schmelzen und verrühren. Amaretti in einen Gefrierbeutel geben, den Gefrierbeutel verschließen und die Amaretti mit einer Teigrolle zerdrücken.

2 Eigelb und Wasser mit Handrührgerät mit Rührbesen auf höchster Stufe in 1 Minute schaumig schlagen. Zucker mit Vanillin-Zucker und Salz mischen, in 1 Minute einstreuen, dann noch etwa 2 Minuten schlagen.

3 Mehl, Speisestärke und Backpulver mischen, auf die Eigelbcreme sieben und kurz auf niedrigster Stufe unterrühren. Kuvertüre unterrühren.

4 Eiweiß steif schlagen und mit den Amarettibröseln vorsichtig unterheben. Den Teig in die gefettete, mit Mehl ausgestäubte Form füllen. Die Form auf dem Rost in den Backofen schieben und sofort backen.

Ober-/Unterhitze:
180 °C (vorgeheizt)
Heißluft: –
Gas: etwa Stufe 3 (vorgeheizt)
Backzeit: etwa 45 Minuten

5 Den Kuchen auf einen Kuchenrost stürzen und erkalten lassen.

6 Kaffee und Kaffeelikör mischen und den erkalteten Gugelhupf damit tränken.

7 Kuvertüre in einem kleinen Topf im Wasserbad zu geschmeidiger Masse verrühren und den Gugelhupf damit überziehen.

Tip: Nach Belieben noch einige grob zerkleinerte Amaretti auf den Kuchen streuen, solange die Kuvertüre noch nicht ganz fest ist.

Bananenhupf

NAPFKUCHENFORM

ø: 16 cm
Inhalt: 1150 ml

Zubereitungszeit:
20 Minuten
Backzeit:
etwa 50 Minuten

Insgesamt:
E: 32 g, F: 105 g, Kh: 345 g,
kJ: 10552, kcal: 2522

Für den Rührteig
1 große, reife Banane
75 g saure Sahne
abgeriebene Schale und Saft
von $^{1}/_{2}$ Zitrone (unbehandelt)
100 g Butter oder Margarine
100 g brauner Rohrzucker
1 Pck. Bourbon-Vanillezucker
1 Prise Salz
2 Eier (Größe M)
175 g Weizenmehl
1$^{1}/_{2}$ gestr. TL Backpulver
Kokosraspel

Für den Guß
75 g gesiebter Puderzucker
1 EL Zitronensaft

1 Für den Teig die Banane schälen und zusammen mit saurer Sahne, Zitronenschale und Zitronensaft mit einer Gabel zerdrücken oder im Mixer pürieren.

2 Butter oder Margarine mit Handrührgerät mit Rührbesen auf höchster Stufe geschmeidig rühren. Zucker, Bourbon-Vanillezucker und Salz nach und nach hinzufügen und so lange rühren, bis eine gebundene Masse entstanden ist.

3 Eier nach und nach unterrühren (jedes Ei etwa $^{1}/_{2}$ Minute). Mehl mit Backpulver mischen, sieben und portionsweise auf mittlerer Stufe unterrühren.

4 Die Bananenmasse unterrühren. Den Teig in die gefettete, mit Kokosraspeln ausgestreute Form füllen. Die Form auf dem Rost in den Backofen schieben.

Ober-/Unterhitze:
180–200 °C (vorgeheizt)
Heißluft: 160–180 °C (nicht vorgeheizt)
Gas: Stufe 3–4 (nicht vorgeheizt)
Backzeit: etwa 50 Minuten

5 Den Kuchen auf einen Kuchenrost stürzen und erkalten lassen.

6 Für den Guß Puderzucker mit Zitronensaft verrühren und den erkalteten Kuchen damit überziehen.

Tip: Nach Belieben den unteren Rand des Bananenhupfes mit einigen abgezogenen, gehobelten Mandeln garnieren und den Puderzuckerguß mit etwas zerlassener Vollmilch-Kuvertüre verzieren.

Schokoladenkranz

SPRINGFORM MIT ROHRBODEN

ø: 18 cm
Inhalt: 2000 ml

Zubereitungszeit:
20 Minuten
Backzeit:
etwa 40 Minuten

Insgesamt:
E: 33 g, F: 91 g, Kh: 148 g,
kJ: 6773, kcal: 1618

Für den Rührteig
40 g Butter
40 g Zucker
1 Pck. Vanillin-Zucker
2 Eigelb (Größe M)
40 g Speisestärke
$^{1}/_{2}$ TL Backpulver
40 g abgezogene, gemahlene Mandeln
40 g geriebene Schokolade
2 Eiweiß (Größe M)

Für den Guß
50 g Halbbitter-Kuvertüre
20 g abgezogene, gestiftelte Mandeln

1 Für den Teig Butter mit Handrührgerät mit Rührbesen auf höchster Stufe geschmeidig rühren. Zucker und Vanillin-Zucker unterrühren, so lange rühren, bis eine gebundene Masse entstanden ist. Eigelb nach und nach unterrühren (jedes Eigelb knapp $^{1}/_{2}$ Minute).

2 Speisestärke mit Backpulver mischen, sieben und auf mittlerer Stufe unterrühren. Mandeln und Schokolade unterrühren. Eiweiß steif schlagen und unterheben. Den Teig in die gefettete Springform füllen und auf dem Rost in den Backofen schieben.

Ober-/Unterhitze:
etwa 180 °C (vorgeheizt)
Heißluft: etwa 160 °C (nicht vorgeheizt)
Gas: etwa Stufe 3 (nicht vorgeheizt)
Backzeit: etwa 40 Minuten

3 Den Kranz auf einen Kuchenrost stürzen und erkalten lassen.

4 Für den Guß Kuvertüre in einem kleinen Topf im Wasserbad zu geschmeidiger Masse verrühren. Den Kuchen damit überziehen und mit den Mandeln spicken.

Tip: Anstelle der Mandeln können für den Teig auch gemahlene und für den Guß gehobelte Haselnußkerne verwendet werden.

Käse-Streusel-Kuchen

SPRINGFORM

ø: 18 cm
Inhalt: 1250 ml

Zubereitungszeit:
15 Minuten
Backzeit:
etwa 45 Minuten

Insgesamt:
E: 65 g, F: 137 g, Kh: 347 g,
kJ: 12505, kcal: 2987

Für die Streusel
200 g Weizenmehl
125 g Zucker
1 Pck. Vanillin-Zucker
125 g zerlassene, abgekühlte Butter oder Margarine

Für die Quarkfüllung
30 g Butter oder Margarine
30 g Zucker
1 Pck. Vanillin-Zucker
1 Prise Salz
1 Ei (Größe M)
abgeriebene Schale und Saft von 1 Zitrone (unbehandelt)
250 g Magerquark
1 EL Milch
1 1/2 EL Weizengrieß

1 Für die Streusel Mehl in eine Rührschüssel sieben, mit Zucker und Vanillin-Zucker mischen und Butter oder Margarine hinzufügen. Alle Zutaten mit Handrührgerät mit Knethaken zu Streuseln von gewünschter Größe verarbeiten.

2 Für die Quarkfüllung Butter oder Margarine, Zucker, Vanillin-Zucker und Salz mit Handrührgerät mit Rührbesen cremig rühren. Das Ei trennen. Eigelb mit Zitronensaft und -schale, Quark, Milch und Grieß unterrühren. Eiweiß steif schlagen und unter die Quarkmasse heben.

3 Die Hälfte der Streusel in die Springform (Boden gefettet) geben und andrücken. Die Quarkfüllung darauf geben und die restlichen Streusel darauf verteilen. Die Form auf dem Rost in den Backofen schieben.

Ober-/Unterhitze:
etwa 200 °C (vorgeheizt)
Heißluft: etwa 180 °C
(nicht vorgeheizt)
Gas: etwa Stufe 3 (vorgeheizt)
Backzeit: etwa 45 Minuten

4 Den Kuchen in der Form etwas auskühlen lassen, ihn dann mit einem Messer vom Springformrand lösen und auf einem Kuchenrost erkalten lassen.

Tip: Nach Belieben einige Rosinen oder gut abgetropfte Sauerkirschen auf den Streuselboden geben, bevor die Quarkmasse eingefüllt wird.

Käsekuchen

SPRINGFORM

ø: 16–18 cm
Inhalt: 1150–1250 ml

Zubereitungszeit:
20 Minuten
Backzeit:
60–65 Minuten

Insgesamt:
E: 56 g, F: 87 g, Kh: 242 g, kJ: 8119, kcal: 1939

Für den Knetteig
100 g Weizenmehl
30 g Zucker
1/2 Pck. Vanillin-Zucker
50 g Butter

Für den Belag
2 Eigelb (Größe M)
2 Pck. Vanillin-Zucker
250 g Sahnequark
50 g Rosinen
2 Eiweiß (Größe M)

2 Kumquats (Zwergorangen)
gehackte Pistazienkerne
3 EL Aprikosenkonfitüre

1 Für den Teig Mehl in eine Rührschüssel sieben. Zucker, Vanillin-Zucker und Butter hinzufügen.

2 Die Zutaten mit Handrührgerät mit Knethaken zunächst kurz auf niedrigster, dann auf höchster Stufe gut durcharbeiten. Anschließend auf der Arbeitsfläche zu einem glatten Teig verkneten. Sollte er kleben, ihn eine Zeitlang kalt stellen.

3 Den Teig auf dem gefetteten Boden der Springform ausrollen und mehrmals mit einer Gabel einstechen.

4 Für den Belag Eigelb und Vanillin-Zucker verschlagen. Quark und Rosinen unterrühren. Eiweiß steif schlagen und unter die Quarkmasse ziehen. Die Masse auf den Tortenboden geben. Die Form auf dem Rost in den Backofen schieben.

Ober-/Unterhitze:
etwa 170 °C (vorgeheizt)
Heißluft: etwa 150 °C (nicht vorgeheizt)
Gas: Stufe 2–3 (vorgeheizt)
Backzeit: 60–65 Minuten

5 Den Kuchen sofort nach dem Backen mit Hilfe eines Messers vom Springformrand lösen, ihn jedoch in der Form erkalten lassen.

6 Die Kumquats waschen, abtrocknen und in Scheiben schneiden. Den Kuchenrand mit Pistazien garnieren. Die Aprikosenkonfitüre glattrühren, die Kuchenoberfläche damit bestreichen und mit den Kumquatscheiben belegen.

Ananas-Marzipan-Küchlein

5–6 KASTEN-FÖRMCHEN

9 x 6 cm
Inhalt: 150 ml

Zubereitungszeit:
50 Minuten
Backzeit:
etwa 35 Minuten

Insgesamt:
E: 51 g, F: 191 g, Kh: 302 g,
kJ: 13561, kcal: 3239

Für den Rührteig
3 Ananasscheiben
(etwa 100 g, aus der Dose)
100 g Marzipan-Rohmasse
90 g Margarine oder Butter
70 g Zucker
1 Pck. Vanillin-Zucker
1 Prise Salz
2 kleine Eier
150 g Weizenmehl
1 gestr. TL Backpulver

Für den Guß
100 g Zartbitterschokolade
25 g Kokosfett

5–6 Ananasscheiben
2 EL Kokosraspel

1 Für den Teig Ananasscheiben auf einem Sieb abtropfen lassen. Marzipan-Rohmasse mit Handrührgerät mit Rührbesen gut verrühren. Margarine oder Butter hinzufügen und alles auf höchster Stufe zu einer geschmeidigen Masse verrühren.

2 Nach und nach Zucker, Vanillin-Zucker und Salz hinzufügen. So lange rühren, bis eine gebundene Masse entstanden ist.

3 Eier nach und nach unterrühren (jedes Ei etwa 1/2 Minute). Mehl mit Backpulver mischen, sieben, portionsweise auf mittlerer Stufe unterrühren. Die Ananasscheiben in kleine Stücke schneiden und vorsichtig auf mittlerer Stufe unter den Teig rühren.

4 Den Teig in die gefetteten, mit Backpapier ausgelegten Kastenförmchen füllen und auf dem Rost in den Backofen schieben.

Ober-/Unterhitze:
etwa 180 °C (vorgeheizt)
Heißluft: etwa 160 °C
(nicht vorgeheizt)
Gas: Stufe 2–3 (nicht vorgeheizt)
Backzeit: etwa 35 Minuten

5 Die Küchlein aus den Formen nehmen und auf dem Kuchenrost erkalten lassen.

6 Für den Guß Zartbitterschokolade in kleine Stücke brechen, mit Kokosfett in einem kleinen Topf bei schwacher Hitze im Wasserbad zu einer geschmeidigen Masse verrühren. Die untere Hälfte der erkalteten Küchlein in die Schokolade tauchen.

7 Die restliche Schokoladenmasse in einen Spritzbeutel mit kleiner Lochtülle füllen und sie kreuz und quer über die Küchlein spritzen. Jedes Küchlein mit 2 halben Ananasscheiben belegen und mit Kokosraspeln bestreuen.

Tip 1: Es reicht, wenn man eine Mini-Kastenform hat. Man kann sich weitere Förmchen herstellen, indem man von außen ein Stück Alufolie an die Form andrückt und die Form dann vorsichtig herausnimmt. Die Alufolie behält ihre Form und muß nicht eingefettet werden. Statt einer Form als Vorlage kann auch eine Tetra-Packung (z. B. passierte Tomaten haben etwa die Größe) verwendet werden.
Tip 2: Die Miniküchlein eignen sich auch als Tischkärtchen bei einem Kindergeburtstag.

LiSA

Orangenkuchen

KASTENFORM
Länge: 20 cm
Inhalt: 1250 ml

Zubereitungszeit:
20 Minuten
Backzeit:
etwa 60 Minuten

Insgesamt:
E: 61 g, F: 172 g, Kh: 429 g, kJ: 15248, kcal: 3642

Für den Rührteig
100 g Marzipan-Rohmasse
125 g Butter
100 g Zucker
1 Pck. Vanillin-Zucker
1/2 Pck. Feine Orangenfrucht
2 Eier (Größe M)
225 g Weizenmehl
1/2 Pck. Backpulver
50 ml Milch
50 g gehackte Zartbitter-schokolade

2 kleine Saftorangen (unbehandelt)
100 g Orangenmarmelade
2 EL Wasser

1 Für den Teig Marzipan-Rohmasse mit Handrührgerät mit Rührbesen gut verrühren. Butter hinzufügen und alles auf höchster Stufe zu einer geschmeidigen Masse verrühren.

2 Nach und nach Zucker, Vanillin-Zucker und Feine Orangenfrucht unterrühren, so lange rühren, bis eine gebundene Masse entstanden ist. Eier nach und nach unterrühren (jedes Ei etwa 1/2 Minute).

3 Mehl mit Backpulver mischen, sieben und abwechselnd portionsweise mit Milch auf mittlerer Stufe unterrühren (nur so viel Milch verwenden, daß der Teig schwer-reißend von einem Löffel fällt). Schokolade unter den Teig rühren.

4 Orangen waschen, abtrocknen und in dünne Scheiben schneiden. Die Scheiben auf dem Boden und an den Seitenwänden der gefetteten, mit Mehl ausgestreuten Kastenform verteilen. Den Teig einfüllen. Die Form auf dem Rost in den Backofen schieben.

Ober-/Unterhitze:
etwa 180 °C (vorgeheizt)
Heißluft: etwa 160 °C
(nicht vorgeheizt)
Gas: etwa Stufe 3 (nicht vorgeheizt)
Backzeit: etwa 60 Minuten

5 Die Orangenmarmelade mit dem Wasser unter Rühren aufkochen. Den Orangenkuchen auf einen Kuchenrost stürzen und noch heiß mit der Marmelade bestreichen. Den Kuchen erkalten lassen.

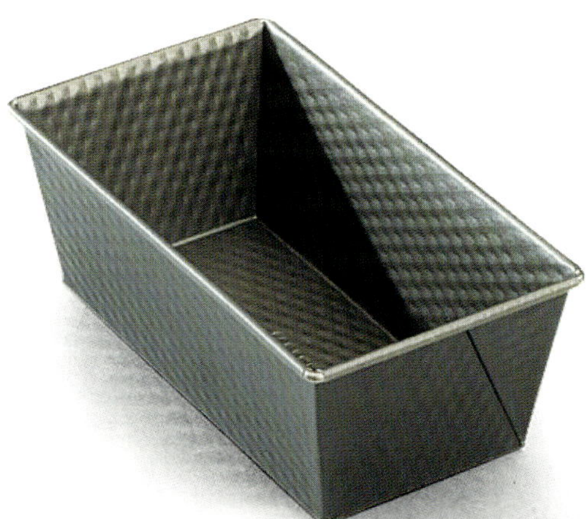

Wintertorte

SPRINGFORM
ø: 18 cm
Inhalt: 1250 ml

Zubereitungszeit:
40 Minuten
Backzeit:
etwa 25 Minuten

Insgesamt:
E: 35 g, F: 124 g, Kh: 206 g, kJ: 8978, kcal: 2145

Für den Biskuitteig
2 Eier (Größe M)
2 EL heißes Wasser
80 g Zucker
1 Pck. Vanillin-Zucker
50 g Weizenmehl
40 g Speisestärke
$^{1}/_{2}$ gestr. TL Backpulver
1 EL Kakaopulver
50 g grob gehackte Pecannußkerne (ersatzweise Walnußkerne)

Für die Füllung
4 EL Mandarinenspalten (aus der Dose)
40 g Vollmilchschokolade
200 ml Schlagsahne

Puderzucker

1 Für den Teig Eier und Wasser mit Handrührgerät mit Rührbesen auf höchster Stufe in 1 Minute schaumig schlagen. Zucker mit Vanillin-Zucker mischen, in 1 Minute einstreuen, dann noch etwa 2 Minuten schlagen.

2 Mehl, Speisestärke, Backpulver und Kakao mischen, die Hälfte davon auf die Eiercreme sieben und kurz auf niedrigster Stufe unterrühren. Den Rest des Mehlgemisches auf dieselbe Weise unterarbeiten. Die Pecannüsse vorsichtig unterrühren.

3 Teig in die Springform (Boden gefettet, mit Backpapier belegt) füllen, die Form auf dem Rost in den Backofen schieben und sofort backen.

Ober-/Unterhitze:
180–200 °C (vorgeheizt)
Heißluft: –
Gas: Stufe 3–4 (vorgeheizt)
Backzeit: etwa 25 Minuten

4 Den Kuchen aus der Form lösen, auf einem Kuchenrost stürzen, das Backpapier abziehen, den Kuchen wieder umdrehen und erkalten lassen.

5 Den Kuchen auf der Oberfläche $1^{1}/_{2}$ cm vom Rand einschneiden und mit einem Löffel aushöhlen, es muß ein $1^{1}/_{2}$ cm breiter Rand und ein 1 cm dicker Boden stehenbleiben. Die Gebäckkrümel grob zerkleinern.

6 Für die Füllung die Mandarinen abtropfen lassen, die Schokolade grob hacken. Die Sahne steif schlagen und Schokolade und die Hälfte der Gebäckkrümel unterheben. Die Mandarinen unterheben (nach Belieben einige schöne Spalten zum Garnieren zurücklassen).

7 Die Masse kuppelartig in den Boden füllen, mit den restlichen Gebäckkrümeln bestreuen und mit den zurückgelassenen Mandarinenspalten garnieren. Die Torte mit Puderzucker bestäubt servieren.

Tip: Nach Belieben den Teig mit $^{1}/_{2}$ Teelöffel gemahlenem Zimt würzen.

Nuß-Sahne-Torte

SPRINGFORM

ø: 20 cm
Inhalt: 1650 ml

Zubereitungszeit:
50 Minuten
Backzeit:
35–40 Minuten

Insgesamt:
E: 78 g, F: 362 g, Kh: 284 g,
kJ: 20221, kcal: 4830

Für den Biskuitteig
150 g Haselnußkerne
3 Eier (Größe M)
125 g Zucker
1 gestr. TL Backpulver
1 Prise Salz

Für den Karamel
100 g Zucker

Für die Füllung
500 ml (1/2 l) Schlagsahne
1 Pck. Vanillin-Zucker
Mark von 1 Vanilleschote

150 g gehackte Haselnußkerne
1/2 TL Kakaopulver

1 Für den Teig die Haselnußkerne fein mahlen, dabei 8 Stück zum Garnieren zurücklassen. 2 Eier trennen. 1 Ei, 2 Eigelb und Zucker mit Handrührgerät mit Rührbesen dickcremig rühren. Die gemahlenen Haselnüsse mit dem gesiebten Backpulver mischen und auf die Eiercreme geben.

2 Das restliche Eiweiß mit Salz steif schlagen, darauf geben und mit einem Schneebesen locker unterheben. Den Teig in die Springform (Boden gefettet, mit Backpapier belegt) füllen und glattstreichen. Die Form auf dem Rost in den Backofen schieben und sofort backen.

Ober-/Unterhitze:
etwa 180 °C (vorgeheizt)
Heißluft: –
Gas: etwa Stufe 3 (vorgeheizt)
Backzeit: 35–40 Minuten

3 Den Tortenboden in der Form etwas auskühlen lassen, dann mit einem spitzen Messer vorsichtig vom Springformrand lösen, auf einen Kuchenrost stürzen, das Backpapier abziehen und den Boden erkalten lassen. Den erkalteten Boden einmal waagerecht durchschneiden.

4 Für den Karamel Zucker in einem kleinen Topf karamelisieren lassen. Die zurückgelassenen Haselnußkerne darin wenden und auf Backpapier erkalten lassen.

5 Für die Füllung 200 ml der Sahne mit Vanillin-Zucker und Vanillemark steif schlagen, auf den unteren Boden streichen und mit dem oberen Boden bedecken. Die restliche Sahne steif schlagen, 1/3 davon in einen Spritzbeutel mit Sterntülle füllen. Tortenrand und -oberfläche mit der restlichen Sahne gleichmäßig bestreichen.

6 Den Tortenrand mit den gehackten Haselnußkernen bestreuen. 8 Sahnetuffs auf die Torte spritzen und mit den karamelisierten Haselnußkernen garnieren. Die Torte dünn mit Kakao bestäuben.

Trüffeltorte

SPRINGFORM

ø: 16 cm
Inhalt: 600 ml

Zubereitungszeit:
50 Minuten, ohne Kühlzeit
Backzeit:
etwa 20 Minuten

Insgesamt:
E: 43 g, F: 157 g, Kh: 237 g,
kJ: 10945, kcal: 2616

Für die Füllung
250 ml (1/4 l) Schlagsahne
200 g Zartbitterschokolade

Für den Biskuitteig
2 Eier
2 EL heißes Wasser
60 g Zucker
2 EL Vanillin-Zucker
60 g Weizenmehl
1/2 TL Backpulver
1 EL Kakaopulver

einige frische,
gemischte Beeren
Schokoladenraspel

1 Für die Füllung Sahne erhitzen, aber nicht kochen lassen. Schokolade etwas zerkleinern und in der Sahne auflösen. Die Schokoladensahne kalt stellen (am besten über Nacht).

2 Für den Teig Eier und Wasser mit Handrührgerät mit Rührbesen auf höchster Stufe in 1 Minute schaumig schlagen. Zucker mit Vanillin-Zucker mischen, in 1 Minute einstreuen, dann noch etwa 2 Minuten schlagen.

3 Mehl, Backpulver und Kakao mischen, auf die Eiercreme sieben und kurz auf niedrigster Stufe unterrühren.

4 Den Teig in die Springform (Boden gefettet, mit Backpapier belegt) füllen. Die Form auf dem Rost in den Backofen schieben und sofort backen.

Ober-/Unterhitze:
etwa 180 °C (vorgeheizt)
Heißluft: –
Gas: Stufe 3–4 (vorgeheizt)
Backzeit: etwa 20 Minuten

5 Den Tortenboden aus der Form lösen, auf einen Kuchenrost stürzen, das Backpapier abziehen und den Boden erkalten lassen. Den erkalteten Boden einmal waagerecht durchschneiden.

6 Die Schokoladensahne steif schlagen, einen Teil davon auf den unteren Tortenboden streichen und den oberen Boden darauf legen. Tortenrand und -oberfläche mit der restlichen Schokoladensahne bestreichen.

7 Die Beeren putzen, waschen, gut abtropfen lassen und die Torte damit belegen. Zum Schluß die Torte mit Schokoladenraspeln bestreuen.

Tip: Die Sahne muß gut durchgekühlt sein, sonst läßt sie sich nicht steif schlagen.

Schoko-Ananas-Torte

SPRINGFORM
ø: 18 cm
Inhalt: 1250 ml

Zubereitungszeit:
50 Minuten, ohne Kühlzeit
Backzeit:
20–25 Minuten

Insgesamt:
E: 114 g, F: 152 g, Kh: 258 g,
kJ: 12305, kcal: 2942

Für den Biskuitteig
- 2 Eier (Größe M)
- 2 EL heißes Wasser
- 75 g Zucker
- 75 g Weizenmehl
- 15 g Kakaopulver
- 1/2 TL Backpulver

Für die Ananascreme
- 6 Blatt weiße Gelatine
- 350 g Ananasscheiben (aus der Dose)
- 300 g Vanillejoghurt
- 1 Pck. Vanillin-Zucker
- 100 ml Schlagsahne

- 250 ml (1/4 l) Schlagsahne
- 1 Pck. Sahnesteif
- 1 Pck. Vanillin-Zucker
- 50 g geraspelte Vollmilchschokolade

1 Für den Teig Eier und Wasser mit Handrührgerät mit Rührbesen auf höchster Stufe in 1 Minute schaumig schlagen. Zucker in 1 Minute einstreuen, dann noch etwa 2 Minuten schlagen.

2 Mehl, Kakao und Backpulver mischen, auf die Eiercreme sieben und kurz auf niedrigster Stufe unterrühren. Den Teig in die Springform (Boden gefettet, mit Backpapier belegt) füllen und glattstreichen. Die Form auf dem Rost in den Backofen schieben (2. Einschubleiste von unten) und sofort backen.

Ober-/Unterhitze:
etwa 180 °C (vorgeheizt)
Heißluft: –
Gas: etwa Stufe 3 (vorgeheizt)
Backzeit: 20–25 Minuten

3 Den Biskuitboden aus der Form lösen, auf einen Kuchenrost stürzen, das Backpapier abziehen und den Boden erkalten lassen. Den erkalteten Boden zweimal waagerecht durchschneiden.

4 Für die Ananascreme Gelatine in kaltem Wasser einweichen. Die Ananasscheiben auf einem Sieb abtropfen lassen. 200 g der Ananas grob zerkleinern und mit Joghurt und Vanillin-Zucker pürieren.

5 Gelatine ausdrücken, auflösen, unter die Ananas-Joghurt-Masse rühren und die Masse kalt stellen.

6 Sobald die Masse anfängt zu gelieren, die Sahne steif schlagen und unter die Ananas-Joghurt-Masse heben. Die restlichen Ananasscheiben in Stücke schneiden und unter die Masse heben (einige Stücke zum Garnieren zurücklassen).

7 Den Springformrand oder einen Tortenring um den unteren Tortenboden legen. Die Hälfte der Ananas-Joghurt-Creme auf den Boden streichen und den mittleren Boden darauf legen. Die restliche Creme darauf streichen und mit dem oberen Boden bedecken. Die Torte etwa 90 Minuten kalt stellen.

8 Den Springformrand (Tortenring) entfernen. Die Sahne mit Sahnesteif und Vanillin-Zucker steif schlagen und Tortenrand und -oberfläche damit bestreichen. Die Torte mit den zurückgelassenen Ananasstücken und der Schokolade garnieren.

Weinkuchen mit Äpfeln

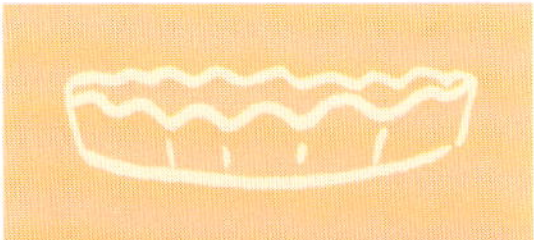

TARTEFORM
ø: 20 cm

Zubereitungszeit:
20 Minuten, ohne Kühlzeit
Backzeit:
etwa 40 Minuten

Insgesamt:
E: 37 g, F: 164 g, Kh: 507 g,
kJ: 16702, kcal: 3987

Für den Knetteig
180 g Weizenmehl
1/2 Pck. Backpulver
90 g Zucker
1 Pck. Vanillin-Zucker
1 Ei (Größe S oder M)
90 g Butter oder Margarine

Für die Füllung
500 g Äpfel
1 Pck. Pudding-Pulver
Vanille-Geschmack
150 g Zucker
375 ml (3/8 l) Weißwein
250 ml (1/4 l) Schlagsahne
1/2 EL Kakaopulver
1 EL Schokosplitter

1 Für den Teig Mehl und Backpulver mischen und in eine Rührschüssel sieben. Zucker, Vanillin-Zucker, Ei und Butter oder Margarine hinzufügen. Die Zutaten mit Handrührgerät mit Knethaken zunächst kurz auf niedrigster, dann auf höchster Stufe gut durcharbeiten.

2 Anschließend auf der bemehlten Arbeitsfläche zu einem glatten Teig verkneten, sollte er kleben, ihn eine Zeitlang kalt stellen. Den Teig auf der bemehlten Arbeitsfläche zu einer Platte (Ø 22 cm) ausrollen, in die gefettete Tarteform legen und am Rand andrücken.

3 Für die Füllung Äpfel schälen, vierteln, entkernen, in kleine Würfel schneiden und auf dem Teigboden verteilen.

4 Das Pudding-Pulver mit dem Zucker in einem Topf mischen, den Wein nach und nach hinzufügen und glattrühren. Unter Rühren aufkochen lassen und über die Äpfel geben. Die Form auf dem Rost in den Backofen schieben.

Ober-/Unterhitze:
etwa 180 °C (vorgeheizt)
Heißluft:
etwa 160 °C (nicht vorgeheizt)
Gas: etwa Stufe 3 (vorgeheizt)
Backzeit: etwa 40 Minuten

5 Den Weinkuchen einige Stunden in der Form erkalten lassen.

6 Vor dem Servieren Sahne steif schlagen, in einen Spritzbeutel mit Sterntülle füllen und in großen Rosetten auf den Kuchen spritzen. Mit Kakao bestäuben und mit Schokosplittern bestreuen.

Tip: Wenn Kinder mitessen, den Wein durch dieselbe Menge Apfelsaft ersetzen. Dann nur 100 g Zucker für die Füllung nehmen.

Wiener-Prater-Torte

SPRINGFORMRAND
ø: 18 cm
BACKBLECH
35 x 18,5 cm

Zubereitungszeit:
70 Minuten, ohne Kühlzeit
Backzeit:
etwa 12 Minuten

Insgesamt:
E: 51 g, F: 165 g, Kh: 239 g, kJ: 11428, kcal: 2730

Für den Biskuitteig
2 Eier (Größe M)
2 EL Vanillin-Zucker
60 g Weizenmehl
1/2 TL Backpulver

Für die Vanillecreme
3 Eier (Größe M)
100 g Zucker
1 Pck. Vanillin-Zucker
150 g Butter

100 g Johannisbeergelee
15 g gehackte Pistazienkerne

1 Für den Teig Eier mit Handrührgerät mit Rührbesen auf höchster Stufe in 1 Minute schaumig schlagen. Vanillin-Zucker in 1 Minute einstreuen, dann noch etwa 2 Minuten schlagen.

2 Mehl und Backpulver mischen, auf die Eiercreme sieben und kurz auf niedrigster Stufe unterrühren. Den Teig auf das mit Backpapier belegte Backblech streichen. Das Backblech auf dem Rost in den Backofen schieben und den Teig sofort backen.

Ober-/Unterhitze:
etwa 180 °C (vorgeheizt)
Heißluft: –
Gas: Stufe 3–4 (vorgeheizt)
Backzeit: etwa 12 Minuten

3 Den Biskuitboden auf die mit Backpapier belegte Arbeitsfläche stürzen und völlig erkalten lassen. Erst dann das mitgebackene Backpapier abziehen und den Biskuit in etwa 4 cm breite Streifen schneiden.

4 Für die Vanillecreme die Eier etwa 2 Minuten schlagen. Zucker und Vanillin-Zucker unter Rühren einstreuen. Die Masse im heißen Wasserbad schlagen, bis sie cremig ist.

5 Aus dem Wasserbad nehmen und weiterschlagen, bis die Creme abgekühlt ist. Die Butter schlagen, bis sie sahnig ist, dann die Eiercreme unter die Butter rühren.

6 Den Springformrand oder einen Tortenring auf eine Tortenplatte stellen. Einen Biskuitstreifen als Rand an den Springformrand legen, die übrigen Biskuitstreifen erst mit Johannisbeergelee, dann mit etwas Vanillecreme bestreichen. Die Streifen schichtweise kreisförmig an den Rand setzen, bis eine Torte entstanden ist. Die Torte etwa 60 Minuten kalt stellen.

7 Den Springformrand (Tortenring) entfernen. Den Tortenrand mit einem Teil der Vanillecreme bestreichen, die restliche Creme in einen Spritzbeutel füllen und eine Spirale auf die Tortenoberfläche spritzen.

8 Die Zwischenräume mit Johannisbeergelee füllen und die Torte mit Pistazien bestreuen.

Trüffelecken

BACKBLECH
35 x 18,5 cm

Zubereitungszeit:
50 Minuten, ohne Kühlzeit
Backzeit:
etwa 12 Minuten

Insgesamt:
E:40 g, F: 111 g, Kh: 285 g,
kJ: 9929, kcal: 2372

Für die Füllung
150 g Zartbitterschokolade
150 ml Schlagsahne

Für den Biskuitteig
2 Eier (Größe M)
2 EL heißes Wasser
100 g Zucker
1 Pck. Vanillin-Zucker
100 g Weizenmehl
1/2 TL Backpulver

etwas Zucker
Puderzucker
Schokoröllchen

1 Für die Füllung die Schokolade zerkleinern und mit der Sahne unter Rühren erhitzen, bis sich die Schokolade aufgelöst hat. Die Schokoladensahne kalt stellen (am besten über Nacht).

2 Für den Teig Eier und Wasser mit Handrührgerät mit Rührbesen auf höchster Stufe in 1 Minute schaumig schlagen. Zucker mit Vanillin-Zucker mischen, in 1 Minute einstreuen, dann noch etwa 2 Minuten schlagen.

3 Mehl und Backpulver mischen, die Hälfte davon auf die Eiercreme sieben und kurz auf niedrigster Stufe unterrühren. Den Rest des Mehlgemisches auf dieselbe Weise unterarbeiten.

4 Den Teig auf das mit Backpapier belegte Backblech streichen, auf dem Rost in den Backofen schieben und sofort backen.

Ober-/Unterhitze:
etwa 200 °C (vorgeheizt)
Heißluft: –
Gas: Stufe 3–4 (vorgeheizt)
Backzeit: etwa 12 Minuten

5 Die Biskuitplatte auf ein mit Zucker bestreutes Stück Backpapier stürzen, erkalten lassen und erst dann das mitgebackene Backpapier abziehen. Die Biskuitplatte dann einmal senkrecht halbieren.

6 Die Schokoladensahne dickcremig aufschlagen, die eine Gebäckplatte gleichmäßig damit bestreichen und die zweite Gebäckplatte darauflegen. Das Gebäck kalt stellen.

7 Das Gebäck vor dem Servieren mit Puderzucker bestäuben, erst in Quadrate, dann in Dreiecke schneiden und mit Schokoröllchen garnieren.

Tip: Die Sahne muß gut durchgekühlt sein, sonst läßt sie sich nicht steif schlagen.

Biskuitrolle

BACKBLECH
35 x 18,5 cm

Zubereitungszeit:
15 Minuten
Backzeit:
10–15 Minuten

Insgesamt:
E: 38 g, F: 22 g, Kh: 377 g,
kJ: 7872, kcal: 1880

Für den Biskuitteig
3 Eier
3 EL heißes Wasser
100 g Zucker
1 Pck. Vanillin-Zucker
60 g Weizenmehl
30 g Speisestärke
1 Msp. Backpulver

250 g Konfitüre
20 g Puderzucker

1 Für den Teig Eier und Wasser mit Handrührgerät mit Rührbesen auf höchster Stufe in 1 Minute schaumig schlagen. Zucker mit Vanillin-Zucker mischen, in 1 Minute einstreuen, dann noch etwa 2 Minuten schlagen.

2 Mehl, Speisestärke und Backpulver mischen, auf die Eiercreme sieben und kurz auf niedrigster Stufe unterrühren.

3 Den Teig auf das gefettete, mit Backpapier belegte Backblech streichen. Das Backblech auf dem Rost in den Backofen schieben und sofort backen.

Ober-/Unterhitze:
200–220 °C (vorgeheizt)
Heißluft: –
Gas: Stufe 3–4 (vorgeheizt)
Backzeit: 10–15 Minuten

4 Die Biskuitplatte sofort nach dem Backen auf ein mit Zucker bestreutes Geschirrtuch stürzen. Das Backpapier mit kaltem Wasser bestreichen und vorsichtig, aber schnell abziehen. Den Biskuit sofort gleichmäßig mit Konfitüre bestreichen und von der kürzeren Seite her aufrollen.

5 Die Biskuitrolle vor dem Servieren mit Puderzucker bestäuben.

Tip: Die Biskuitrolle kann anstelle von Konfitüre auch mit geschlagener Sahne oder Buttercreme gefüllt werden.

Weißweinröllchen

BACKBLECH
35 x 18,5 cm

Zubereitungszeit:
40 Minuten, ohne Kühlzeit
Backzeit:
8–10 Minuten

Insgesamt:
E: 39 g, F: 92 g, Kh: 138 g, kJ: 6702, kcal: 1602

Für den Biskuitteig
3 Eier (Größe M)
1 Eigelb
1 EL heißes Wasser
50 g Zucker
1 Pck. Vanillin-Zucker
60 g Weizenmehl
1 Msp. Backpulver

Für die Füllung
1 Pck. Weißwein-Creme
125 ml (1/8 l) Schlagsahne

Für den Schokoladenguß
40 g Kuvertüre
10 g Kokosfett

1 Für den Biskuitteig Eier, Eigelb und Wasser mit Handrührgerät mit Rührbesen auf höchster Stufe in 1 Minute schaumig schlagen. Zucker mit Vanillin-Zucker mischen, in 1 Minute einstreuen, dann noch etwa 2 Minuten schlagen.

2 Mehl und Backpulver mischen, auf die Eiercreme sieben und kurz auf niedrigster Stufe unterrühren. Den Teig auf das gefettete, mit Backpapier belegte Backblech streichen. Das Backblech in den Backofen schieben und sofort backen.

Ober-/Unterhitze:
200–220 °C (vorgeheizt)
Heißluft: –
Gas: Stufe 3–4 (vorgeheizt)
Backzeit: 8–10 Minuten

3 Die Biskuitplatte sofort nach dem Backen auf ein mit Zucker bestreutes Geschirrtuch stürzen, das Backpapier mit Wasser bestreichen und vorsichtig, aber schnell abziehen. Die Platte mit Hilfe des Geschirrtuches von der längeren Seite her aufrollen und erkalten lassen.

4 Für die Füllung Weißwein-Creme nach Packungsaufschrift (aber ohne Wasser) zubereiten. Die Sahne steif schlagen und unterheben.

5 Die Biskuitplatte vorsichtig auseinanderrollen, der Länge nach halbieren und mit der Masse bestreichen, dabei an den Längsseiten jeweils 2 cm frei lassen. Jede Hälfte zu einer Rolle formen und gut verpackt etwa 2 Stunden in das Gefrierfach legen.

6 Für den Schokoladenguß Kuvertüre mit Kokosfett in einem kleinen Topf im Wasserbad zu geschmeidiger Masse verrühren. Die Rollen in Scheiben schneiden und zur Hälfte mit dem Schokoladenguß bestreichen.

Tip: Die Rollen lassen sich gut vorbereiten. Im Stück in Alufolie verpackt, lassen sich sich auch längere Zeit gut einfrieren. Die eingefrorenen Rollen auftauen, erst dann in Scheiben schneiden und mit dem Schokoladenguß bestreichen.

Quark-Marzipan-Stollen

STOLLENBACKHAUBE

Länge: 23,5 cm

Zubereitungszeit:
30 Minuten
Backzeit:
50–60 Minuten

Insgesamt:
E: 89 g, F: 202 g, Kh: 510 g,
kJ: 18450, kcal: 4407

250 g Weizenmehl
1/2 Pck. Backpulver
75 g Zucker
1 Pck. Vanillin-Zucker
1 Prise Salz
1 Ei (Größe M)
90 g Butter
125 g Magerquark
125 g Rumrosinen
50 g grob gehackte Mandeln
50 g grob gehacktes Orangeat und Zitronat
200 g Marzipan-Rohmasse

25 g zerlassene Butter
25 g Puderzucker

1 Mehl und Backpulver mischen und in eine Rührschüssel sieben. Zucker, Vanillin-Zucker, Salz, Ei, Butter und Quark hinzufügen. Die Zutaten mit Handrührgerät mit Knethaken zunächst kurz auf niedrigster, dann auf höchster Stufe gut durcharbeiten. Sollte der Teig stark kleben, noch etwas Mehl hinzugeben.

2 Anschließend Rumrosinen, Mandeln, Orangeat und Zitronat auf der bemehlten Arbeitsfläche unterkneten, alles zu einem glatten Teig verkneten. Den Teig auf eine Größe von etwa 23 x 28 cm ausrollen oder auseinanderdrücken.

3 Die Marzipan-Rohmasse zwischen zwei Lagen Klarsichtfolie ausrollen (22 x 25 cm) und ohne Folie auf den Stollenteig legen. Den Teig von der kürzeren Seite her aufrollen und in die gut gefettete Stollenbackhaube drücken.

4 Die Stollenbackhaube mit der offenen Seite nach unten auf ein gefettetes Backblech legen. Das Backblech auf der mittleren Einschubleiste in den Backofen schieben.

Ober-/Unterhitze:
etwa 180 °C (vorgeheizt)
Heißluft: etwa 160 °C
(nicht vorgeheizt)
Gas: etwa Stufe 3 (vorgeheizt)
Backzeit: 50–60 Minuten

5 Die Haube nach dem Backen von dem Stollen abnehmen. Den Stollen sofort mit Butter bestreichen und mit Puderzucker bestäuben.

Tip: Wer keine kleine Stollenbackhaube hat, kann den Stollen auch mit den Händen formen. Dazu in den aufgerollten Teig mit einem Rollholz der Länge nach eine Vertiefung eindrücken. Die linke Seite auf die rechte Seite schlagen und den mittleren Teil mit den Händen zu einem Wulst formen. Den Stollen auf einem mit Backpapier (doppelt) belegten Backblech backen.

Glühweinküchlein

4 NAPFKUCHEN-FORMEN

ø: 11 cm

Zubereitungszeit:
40 Minuten
Backzeit:
etwa 45 Minuten

Insgesamt:
E: 62 g, F: 226 g, Kh: 688 g,
kJ: 21719, kcal: 5188

Für den Glühwein
75 ml Rotwein
Saft und abgeriebene Schale von $^{1}/_{2}$ Zitrone (unbehandelt)
2 Zimtstangen
4 Gewürznelken
1 EL Zucker

Für den Rührteig
200 g Butter
200 g Zucker
1 Pck. Vanillin-Zucker
4 Eier (Größe M)
200 g Weizenmehl
2 TL Backpulver
100 g Zartbitterschokolade

Für den Guß
250 g gesiebter Puderzucker
2–3 EL Zitronensaft
Zuckerperlen

1 Für den Glühwein Rotwein mit Zitronensaft und -schale, Zimtstangen, Gewürznelken und Zucker aufkochen, abkühlen lassen und durch ein Sieb gießen.

2 Für den Rührteig Butter mit Handrührgerät mit Rührbesen auf höchster Stufe geschmeidig rühren. Nach und nach Zucker und Vanillin-Zukker unterrühren, so lange rühren, bis eine gebundene Masse entstanden ist.

3 Eier nach und nach unterrühren (jedes Ei etwa $^{1}/_{2}$ Minute). Mehl mit Backpulver mischen, sieben und abwechselnd portionsweise auf mittlerer Stufe unterrühren.

4 Die Schokolade fein reiben und unterrühren. Den Teig in die gefetteten, mit Semmelbröseln ausgestreuten Napfkuchenformen füllen. Die Formen auf dem Rost in den Backofen schieben.

Ober-/Unterhitze:
etwa 180 °C (vorgeheizt)
Heißluft: etwa 160 °C
(nicht vorgeheizt)
Gas: etwa Stufe 3 (nicht vorgeheizt)
Backzeit: etwa 45 Minuten

5 Wenn die Küchlein zu stark bräunen, die Formen evtl. während des Backens mit Alufolie abdecken.

6 Die Küchlein in den Formen etwas abkühlen lassen, sie dann auf einen Kuchenrost stürzen und erkalten lassen.

7 Für den Guß Puderzucker mit Zitronensaft glattrühren, die Küchlein damit überziehen und mit Zuckerperlen garnieren.

Adventskranz

TONBLUMENTÖPFE

3 Stück mit 6 cm ø
2 Stück mit 8 cm ø
2 Stück mit 10 cm ø

Zubereitungszeit:
60 Minuten
Backzeit:
55–100 Minuten

Insgesamt:
E: 73 g, F: 278 g, Kh: 692 g,
kJ: 24035, kcal: 5741

Für den Rührteig
250 g Butter oder Margarine
200 g Zucker
1 Pck. Vanillin-Zucker
3 Eier (Größe M)
200 g Weizenmehl
100 g Speisestärke
1 Msp. Backpulver
75 g getrocknete Feigen
50 g Rosinen
50 g abgezogene,
gemahlene Mandeln
1–2 TL Spekulatiusgewürz

Hülsenfrüchte zum
Blindbacken

Für den Guß
175 g Puderzucker
1 Eiweiß
Belegkirschen
gehackte Pistazienkerne
gehobelte Haselnußkerne
Kerzen

1 Für den Teig Butter oder Margarine mit Handrührgerät mit Rührbesen auf höchster Stufe geschmeidig rühren. Nach und nach Zucker und Vanillin-Zucker unterrühren, so lange rühren, bis eine gebundene Masse entstanden ist. Eier nach und nach unterrühren (jedes Ei etwa $^{1}/_{2}$ Minute).

2 Mehl mit Speisestärke und Backpulver mischen, sieben und portionsweise auf mittlerer Stufe unterrühren. Die Feigen kleinschneiden und mit Rosinen, Mandeln und Spekulatiusgewürz unterrühren.

3 Aus Alufolie kleine Quadrate zuschneiden und das Loch am Boden der Blumentöpfe damit verschließen. Die Töpfe zu $^{2}/_{3}$ mit Teig füllen und die Teigoberfläche glattstreichen. Die Töpfe auf dem Rost in den Backofen schieben.

Ober-/Unterhitze:
etwa 180 °C (vorgeheizt)
Heißluft: etwa 160 °C
(nicht vorgeheizt)
Gas: etwa Stufe 3 (nicht vorgeheizt)
Backzeit:
kleine Kuchen: 55–60 Minuten
große Kuchen: 95–100 Minuten

4 Nach etwa 15 Minuten Backzeit die Teigoberfläche mit Backpapier belegen und mit Hülsenfrüchten beschweren.

5 Die fertigen Kuchen vorsichtig mit einem Messer vom Topfrand lösen, auf einen Kuchenrost stürzen und erkalten lassen. Die Standfläche geradeschneiden. An der oberen Seite eine Vertiefung (z. B. mit einem Apfelausstecher) für die Kerzen aushöhlen.

6 Für den Guß Puderzucker mit dem Eiweiß glattrühren. Die Kuchen dick mit Guß überziehen und nach Belieben mit Belegkirschen, Pistazien und Haselnußkernen garnieren.

7 Kerzen in die Vertiefungen setzen und die Kuchen auf einem großen Teller oder Tablett anordnen.

Tip: Die fabrikneuen Tonblumentöpfe vor dem Füllen etwa 30 Minuten wässern. Durch das Wässern lassen sich die Kuchen besser vom Rand lösen. Anstelle von Tonblumentöpfen können auch Formen aus Alufolie verwendet werden. Dazu Alufolienstücke mit Hilfe von Gläsern formen und mit dem Teig füllen.

Osterhasen mit Joghurt-Zitronencreme

BACKBLECH
38 x 28 cm

Zubereitungszeit:
30 Minuten, ohne Kühlzeit
Backzeit:
etwa 35 Minuten

Insgesamt:
E: 65 g, F: 121 g, Kh: 123 g,
kJ: 7970, kcal: 1906

Für den Brandteig
125 ml (1/8 l) Wasser
1 Prise Salz
30 g Butter oder Margarine
75 g Weizenmehl
1 Ei (Größe L)
1 Eigelb (Größe L)
1 Msp. Backpulver

Für die Creme
3 Blatt weiße Gelatine
150 g Joghurt
40 g Zucker
1 Pck. Vanillin-Zucker
Saft von 1 Zitrone
1 Eiweiß (Größe L)
250 ml (1/4 l) Schlagsahne

Puderzucker

1 Für den Teig Wasser mit Salz und Butter oder Margarine am besten in einem Stieltopf zum Kochen bringen. Mehl sieben, auf einmal in die von der Kochstelle genommene Flüssigkeit schütten und zu einem glatten Kloß rühren. Unter Rühren etwa 1 Minute erhitzen und den heißen Kloß sofort in eine Schüssel geben.

2 Nach und nach Ei und Eigelb mit Handrührgerät mit Knethaken auf höchster Stufe unterarbeiten. Die Eimenge hängt von der Beschaffenheit des Teiges ab, er muß stark glänzen und so von einem Löffel abreißen, daß lange Spitzen hängenbleiben.

3 Das Backpulver in den erkalteten Teig arbeiten. Den Teig in einen Spritzbeutel mit großer Sterntülle füllen und in Form von Hasen (6 Stück) auf ein mit Wasser abgespültes Backblech spritzen. Das Backblech in den Backofen schieben. Während des Backens eine Tasse Wasser in den Backofen stellen.

Ober-/Unterhitze:
etwa 200 °C (vorgeheizt)
Heißluft: etwa 180 °C
(nicht vorgeheizt)
Gas: etwa Stufe 3 (vorgeheizt)
Backzeit: etwa 35 Minuten

4 Die gebackenen Osterhasen sofort mit einem scharfen Sägemesser vorsichtig waagerecht durchschneiden und erkalten lassen.

5 Für die Creme Gelatine in kaltem Wasser einweichen. Joghurt, Zukker, Vanillin-Zucker und Zitronensaft verrühren. Die Gelatine ausdrücken, auflösen und unter die Joghurtmasse rühren.

6 Sobald die Masse anfängt zu gelieren, Eiweiß und Sahne getrennt steif schlagen, unter die Joghurtmasse ziehen und etwa 30 Minuten kalt stellen.

7 Die Creme in einen Spritzbeutel mit großer Sterntülle geben und die Osterhasen damit füllen. Mit Puderzucker bestäubt servieren.

Muffins mit Schoko-Bits

MUFFINSBACKBLECH ODER PAPIERBACKFÖRMCHEN
12–14 Stück

Zubereitungszeit:
10 Minuten
Backzeit:
etwa 20 Minuten

Insgesamt:
E: 59 g, F: 197 g, Kh: 334 g, kJ: 14542, kcal: 3475

Für den All-in-Teig
200 g Weizenmehl
75 g Speisestärke
2 TL Backpulver
75 g Zucker
1 Pck. Vanillin-Zucker
4 Eier (Größe L)
175 g weiche Butter
oder Margarine

75 g Zartbitterschokolade

1 Für den Teig Mehl, Speisestärke und Backpulver mischen, in eine Rührschüssel sieben.

2 Zucker, Vanillin-Zucker, Eier und Margarine oder Butter dazugeben und in 2 Minuten mit Handrührgerät mit Rührbesen zu einem glatten Teig verarbeiten.

3 Die Schokolade grob hacken und zwei Drittel davon unter den Teig heben. Den Teig mit Hilfe von 2 Teelöffeln in die gefetteten Vertiefungen des Muffinsbackblechs oder die Papierbackförmchen füllen.

4 Den Teig mit der restlichen Schokolade bestreuen. Das Muffinsbackblech auf dem Rost, die Backförmchen auf dem Backblech in den Backofen schieben.

Ober-/Unterhitze:
etwa 180 °C (vorgeheizt)
Heißluft: etwa 160 °C
(nicht vorgeheizt)
Gas: etwa Stufe 3 (vorgeheizt)
Backzeit: etwa 20 Minuten

Tip 1: Nach Belieben können auch Papierbackförmchen in die Vertiefungen des Muffinsbackblechs gestellt werden.
Tip 2: Muffins sollten möglichst frisch gegessen werden, dann schmecken sie am besten. Bei späterem Verzehr die Muffins vorher kurz im Backofen oder in der Mikrowelle erwärmen.
Tip 3: Ein All-in-Teig ist sehr schnell und einfach zuzubereiten. Man gibt sämtliche Teigzutaten zusammen in die Rührschüssel („all-in“) und verarbeitet sie in etwa 2 Minuten zu einem glatten Teig. Es ist also nicht nötig, die Butter oder Margarine vorher schaumig zu rühren oder die Eier einzel unterzurühren.

Heidelbeer-Muffins

MUFFINSBACKBLECH ODER PAPIERBACKFÖRMCHEN
12–14 Stück

Zubereitungszeit:
20 Minuten
Backzeit:
etwa 20 Minuten

Insgesamt:
E: 25 g, F: 44 g, Kh: 211 g,
kJ: 5724, kcal: 1367

100 g TK-Heidelbeeren
1 EL Weizenmehl (Type 1050)

Für den Rührteig
40 g Butter oder Margarine
125 g Zucker
1/4 TL Salz
Mark aus 1/2 Vanilleschote
1 Ei (Größe M)
100 g Weizenmehl (Type 1050)
1/2 TL Backpulver
50 ml Milch

Puderzucker

1 Heidelbeeren auftauen und auf einem Sieb abtropfen lassen. Mit dem Mehl vermischen.

2 Für den Teig Butter oder Margarine mit Handrührgerät mit Rührbesen auf höchster Stufe geschmeidig rühren. Nach und nach Zucker, Salz und Vanillemark unterrühren, so lange rühren, bis eine gebundene Masse entstanden ist. Das Ei unterrühren (etwa 1/2 Minute).

3 Mehl mit Backpulver mischen und abwechselnd portionsweise mit Milch auf mittlerer Stufe unterrühren.

4 Die Heidelbeeren unterheben. Jeweils 1 Eßlöffel Teig in die gefetteten Vertiefungen des Muffinsbackblechs oder die Papierbackförmchen füllen. Das Muffinsbackblech auf dem Rost, die Backförmchen auf dem Backblech in den Backofen schieben.

Ober-/Unterhitze:
etwa 200 °C (vorgeheizt)
Heißluft: etwa 180 °C
(nicht vorgeheizt)
Gas: etwa Stufe 3 (vorgeheizt)
Backzeit: etwa 20 Minuten

5 Das Muffinsbackblech auskühlen lassen und die Muffins herauslösen. Die ausgekühlten Muffins mit Puderzucker bestäubt servieren.

Tip: Anstelle der Heidelbeeren können auch Sauerkirschen verwendet werden.

Bananen-Rosinen-Muffins

MUFFINSBACKBLECH ODER PAPIERBACKFÖRMCHEN
16 Stück

Zubereitungszeit:
25 Minuten
Backzeit:
etwa 25 Minuten

Insgesamt:
E: 61 g, F: 130 g, Kh: 424 g, kJ: 13560, kcal: 3241

3 Bananen
150 g Joghurt
abgeriebene Schale von
1 Zitrone (unbehandelt)
120 g weiche Butter
120 g Rohrzucker
3 Eier (Größe M)
150 g Weizenvollkornmehl
2 gestr. TL Backpulver
75 g Cornflakes
100 g Rosinen

1 Bananen schälen und in Stücke schneiden. Mit der Gabel gut zerdrücken und mit Joghurt und Zitronenschale verrühren.

2 Butter und Zucker mit Handrührgerät mit Rührbesen schaumig rühren. Die Eier und die Bananenmasse nach und nach unterrühren.

3 Mehl mit Backpulver, zerdrückten Cornflakes und Rosinen mischen und unter die Bananenmasse rühren. Den Teig in die gefetteten Vertiefungen des Muffinsbackblechs oder Papierförmchen füllen. Das Backblech auf dem Rost, die Backförmchen auf dem Backblech in den Backofen schieben.

Ober-/Unterhitze:
etwa 180 °C (vorgeheizt)
Heißluft: etwa 160 °C
(nicht vorgeheizt)
Gas: etwa Stufe 3 (vorgeheizt)
Backzeit: etwa 25 Minuten

Tip 1: Die Muffins können auch anstelle von Cornflakes und Rosinen mit 150 g Früchtemüsli zubereitet werden.
Tip 2: Die Muffins lassen sich sehr gut einfrieren.

Kirsche-Plotzer

6 AUFLAUF-FÖRMCHEN

ø: 8 cm

Zubereitungszeit:
25 Minuten,
ohne Einweichzeit
Backzeit:
etwa 30 Minuten

Insgesamt:
E: 31 g, F: 64 g, Kh: 148 g,
kJ: 5795, kcal: 1383

2 altbackene Brötchen (Semmeln)
1/2 Vanilleschote
125 ml (1/8 l) Milch
25 g Butter
25 g Zucker
1 Pck. Vanillin-Zucker
2 Eigelb (Größe M)
1 EL Kirschwasser
gemahlener Zimt
2 Eiweiß (Größe M)
1 Glas Schattenmorellen (Abtropfgewicht 195 g)
20 g Butter
20 g abgezogene, gehobelte Mandeln
1 EL Zimtzucker

1 Die Brötchen in dünne Scheiben schneiden. Die Vanilleschote aufschlitzen und das Mark herauskratzen.

2 Die Milch mit Vanillemark und -schote erhitzen und über die Brötchenscheiben gießen. Etwa 15 Minuten einweichen lassen.

3 Butter mit Zucker und Vanillin-Zucker verrühren. Eigelb, Kirschwasser, Zimt und die Brötchenmasse (vorher die Vanilleschote entfernen) hinzufügen und alles gut miteinander verrühren. Eiweiß steif schlagen und unterheben.

4 Die Schattenmorellen auf einem Sieb gut abtropfen lassen, unter die Masse heben und alles in die gefetteten Auflaufförmchen füllen.

5 Die Butter in Flöckchen darauf legen und mit Mandeln und Zimtzucker bestreuen. Die Förmchen auf dem Rost in den Backofen schieben.

Ober-/Unterhitze:
etwa 180 °C (vorgeheizt)
Heißluft: etwa 160 °C
(nicht vorgeheizt)
Gas: etwa Stufe 3 (vorgeheizt)
Backzeit: etwa 30 Minuten

6 Die Kirsche-Plotzer noch heiß servieren.

Tip 1: Dazu leicht angeschlagene Sahne servieren.
Tip 2: Die Kirsche-Plotzer können auch als Dessert gereicht werden.

Nußtörtchen

PAPIERBACK-FÖRMCHEN
12–14 Stück

Zubereitungszeit:
20 Minuten
Backzeit:
etwa 30 Minuten

Insgesamt:
E: 55 g, F: 224 g, Kh: 257 g,
kJ: 14358, kcal: 3430

Für den Rührteig
- 100 g gemahlene Haselnußkerne
- 150 g Butter
- 150 g flüssiger Honig
- 2 EL Rum
- 2 Eier (Größe L)
- 150 g Weizenvollkornmehl
- 1 TL Backpulver

Zum Garnieren
- Früchte, z. B. Himbeeren, Brombeeren, Kiwis, Ananasstückchen
- Schlagsahne
- etwas aufgelöste Zartbitterschokolade
- Nußkerne
- abgezogene Mandeln
- Trockenobst
- Bananenchips

1 Für den Teig Haselnußkerne in einer Pfanne ohne Fett rösten und erkalten lassen.

2 Butter mit Handrührgerät mit Rührbesen auf höchster Stufe in etwa 1/2 Minute geschmeidig rühren. Nach und nach Honig und Rum unterrühren. So lange rühren, bis eine gebundene Masse entstanden ist. Eier nach und nach unterrühren (jedes Ei etwa 1/2 Minute).

3 Mehl mit Backpulver mischen und portionsweise auf mittlerer Stufe unterrühren. Die gerösteten Nüsse vorsichtig unterheben.

4 Den Teig mit Hilfe von 2 Teelöffeln auf Papierbackförmchen (evtl. 2 Förmchen ineinander stellen) verteilen. Die Förmchen auf dem Backblech in den Backofen schieben.

Ober-/Unterhitze:
etwa 200 °C (vorgeheizt)
Heißluft: etwa 180 °C
(nicht vorgeheizt)
Gas: etwa Stufe 3 (vorgeheizt)
Backzeit: etwa 30 Minuten

5 Die erkalteten Törtchen nach Belieben mit vorbereiteten Früchten, geschlagener Sahne, Schokolade usw. garnieren und verzieren.

Tip: Die Nußtörtchen können auch gut auf Vorrat gebacken und eingefroren werden. Die Törtchen dann erst nach dem Auftauen garnieren und verzieren.

Brombeer-Joghurt-Törtchen

12 TORTELETT-FÖRMCHEN

Ø: 10 cm

Zubereitungszeit:
60 Minuten, ohne Kühlzeit
Backzeit:
etwa 20 Minuten

Insgesamt:
E: 119 g, F: 190 g, Kh: 420 g, kJ: 16755, kcal: 4007

Für den Knetteig
250 g Weizenmehl
100 g Zucker
1 Prise Salz
1 Ei (Größe M)
125 g Butter oder Margarine

Hülsenfrüchte
zum Blindbacken

Für die Füllung
6 Blatt weiße Gelatine
300 g Joghurt
75 g Zucker
200 ml Schlagsahne
500 g Brombeeren
3–4 Zweige Zitronenmelisse

1 Für den Teig Mehl in eine Rührschüssel sieben. Zucker, Salz, Ei und Butter oder Margarine hinzufügen. Die Zutaten mit Handrührgerät mit Knethaken zunächst kurz auf niedrigster, dann auf höchster Stufe gut durcharbeiten.

2 Anschließend auf der bemehlten Arbeitsfläche zu einem glatten Teig verkneten und etwa 30 Minuten kalt stellen.

3 Den Teig auf der bemehlten Arbeitsfläche dünn ausrollen, vorsichtig auf das Rollholz wickeln und locker über die gefetteteten Tortelettförmchen abwickeln. Mit dem Rollholz kräftig über den Teig rollen, so daß die Förmchenränder den Teig abschneiden. Den Teig gut andrücken.

4 Den Teigboden mit einer Gabel einstechen, mit rund ausgeschnittenem Backpapier (Ø etwa 10 cm) belegen und die Hülsenfrüchte einfüllen. Die Förmchen auf dem Rost in den Backofen schieben.

Ober-/Unterhitze:
etwa 200 °C (vorgeheizt)
Heißluft: etwa 180 °C
(nicht vorgeheizt)
Gas: etwa Stufe 3 (vorgeheizt)
Backzeit: etwa 20 Minuten

5 Etwa 5 Minuten vor Beendigung der Backzeit Backpapier und Hülsenfrüchte entfernen und die Törtchen fertigbacken.

6 Für die Füllung Gelatine in kaltem Wasser einweichen. Joghurt und Zucker verrühren. Gelatine ausdrücken, auflösen und unterrühren.

7 Wenn die Joghurtmasse anfängt fest zu werden, Sahne steif schlagen und unterheben. Die Joghurtcreme in einen Spritzbeutel mit Sterntülle füllen und in die Törtchen spritzen.

8 Brombeeren putzen, waschen, abtropfen lassen und auf die Törtchen legen. Mit Zitronenmelisse garnieren.

Tip: Anstelle von Joghurt und Zucker kann die Creme auch mit 300 g fertig gekauftem Vanille-Pudding zubereitet werden.

Johannisbeertörtchen

5 TORTELETT-FÖRMCHEN

ø: 10 cm

Zubereitungszeit:
20 Minuten, ohne Kühlzeit
Backzeit:
20–25 Minuten

Insgesamt:
E: 36 g, F: 96 g, Kh: 241 g, kJ: 8688, kcal: 2074

Für den Knetteig
100 g Weizenmehl
1 Msp. Backpulver
40 g Zucker
1 Pck. Vanillin-Zucker
1 Prise Salz
2 Tropfen Zitronen-Aroma
2 EL Wasser
50 g Butter

Für den Belag
300 g rote Johannisbeeren
2 Eigelb (Größe M)
80 g Zucker
80 g abgezogene, gemahlene Mandeln
2 Eiweiß (Größe M)
Puderzucker

1 Für den Teig Mehl mit Backpulver mischen und in eine Rührschüssel sieben. Zucker, Vanillin-Zucker, Salz, Zitronen-Aroma, Wasser und Butter hinzufügen. Die Zutaten mit Handrührgerät mit Knethaken zunächst kurz auf niedrigster, dann auf höchster Stufe gut durcharbeiten.

2 Anschließend auf der bemehlten Arbeitsfläche zu einem glatten Teig verkneten, zu einer Kugel formen und mindestens 60 Minuten kalt stellen. Den Teig dünn ausrollen, mit einer runden Form (Ø etwa 10 cm) ausstechen, in die gut gefetteten Förmchen geben und die Teigböden mehrmals mit einer Gabel einstechen.

3 Für den Belag die Johannisbeeren waschen, abtropfen lassen und mit einer Gabel von den Stielen streifen.

4 Eigelb mit der Hälfte des Zuckers schaumig rühren und mit den Mandeln mischen. Eiweiß mit dem restlichen Zucker steif schlagen und unter die Eigelb-Mandel-Masse heben. Die Johannisbeeren unterheben.

5 Die Füllung auf die restlichen Förmchen verteilen und glattstreichen. Die Förmchen auf der 2. Einschubleiste von unten auf dem Rost in den Backofen schieben.

Ober-/Unterhitze:
etwa 190 °C (vorgeheizt)
Heißluft: etwa 170 °C (nicht vorgeheizt)
Gas: etwa Stufe 2 (vorgeheizt)
Backzeit: 20–25 Minuten

6 Die Törtchen in den Formen erkalten lassen. Sie dann vorsichtig herauslösen und mit Puderzucker bestäubt servieren.

Tip: Anstelle des Johannisbeerbelages einen Aprikosenbelag zubereiten. Dafür 500 g reife Aprikosen (oder aus dem Glas) waschen, halbieren, entsteinen und vierteln. Die Früchteviertel auf den Teig legen. Die Förmchen bei etwa 220 °C (Heißluft: etwa 200 °C, Gas: etwa Stufe 4) 10–12 Minuten backen. In der Zwischenzeit 100 g Aprikosenkonfitüre erwärmen, durch ein Sieb streichen und nach Belieben mit 1 cl Aprikosengeist aromatisieren. Die fertigen Törtchen damit bestreichen und mit jeweils 1 von 6 Walnußkernhälften garnieren. Nach Belieben vor dem Servieren mit Puderzucker bestäuben.

Torteletts mit Zitronen-mousse und Stachelbeeren

8 TORTELETT-FÖRMCHEN
ø: 8 cm

Zubereitungszeit:
70 Minuten, ohne Kühlzeit
Backzeit:
etwa 20 Minuten

Insgesamt:
E: 68 g, F: 254 g, Kh: 566 g,
kJ: 20687, kcal: 4942

Für den Knetteig
150 g Weizenmehl
50 g Zucker
1 Prise Salz
1 Ei (Größe M)
100 g Butter

Hülsenfrüchte zum Blindbacken

Für die Zitronenmousse
200 g weiße Kuvertüre
2 Eier (Größe M)
250 ml (1/4 l) Schlagsahne
1 Zitrone (unbehandelt)
1 EL Zitronensaft

Für den Belag
250 g Stachelbeeren
250 g Zucker
3 EL Zitronensaft

1 Für den Teig Mehl in eine Rührschüssel sieben. Zucker, Salz, Ei und Butter hinzufügen. Die Zutaten mit Handrührgerät mit Knethaken zunächst kurz auf niedrigster, dann auf höchster Stufe gut durcharbeiten.

2 Anschließend auf der bemehlten Arbeitsfläche zu einem glatten Teig verkneten, sollte er kleben, ihn eine Zeitlang kalt stellen. Den Teig auf der bemehlten Arbeitsfläche dünn ausrollen, vorsichtig auf das Rollholz wikkeln und locker über die gefetteten Tortelettförmchen abwickeln. Mit dem Rollholz kräftig über den Teig rollen, so daß die Förmchenränder den Teig abschneiden. Den Teig gut andrücken.

3 Den Teigboden mehrmals mit einer Gabel einstechen, mit rund ausgeschnittenem Backpapier (Ø etwa 10 cm) belegen und die Hülsenfrüchte einfüllen. Die Förmchen auf dem Rost in den Backofen schieben.

Ober-/Unterhitze:
etwa 200 °C (vorgeheizt)
Heißluft: etwa 170 °C (nicht vorgeheizt)
Gas: etwa Stufe 3 (vorgeheizt)
Backzeit: etwa 20 Minuten

4 Etwa 5 Minuten vor Ende der Backzeit das Backpapier mit den Hülsenfrüchten entfernen und die Torteletts noch weitere 5 Minuten backen.

5 Für die Zitronenmousse die Kuvertüre grob zerkleinern und in einem kleinen Topf im Wasserbad zu einer geschmeidigen Masse verrühren.

6 Die Eier im heißen Wasserbad dickschaumig schlagen. Die Kuvertüre unter die Eiermasse rühren. Sahne steif schlagen und unter die abgekühlte Masse heben.

7 Die Zitrone heiß abwaschen und gründlich abreiben. Die Schale dünn abschneiden und fein schneiden, die Hälfte davon mit dem Zitronensaft zur Mousse geben, den Rest zum Garnieren beiseite stellen.

8 Für den Belag Stachelbeeren putzen und waschen. Zucker mit Zitronensaft in einem Topf etwas karamelisieren lassen. Den Topf leicht schräg stellen, die Stachelbeeren schnell einzeln hinzufügen, mit einer Gabel herausnehmen und auf einem Kuchenrost trocknen lassen.

9 Die Mousse mit einem Eßlöffel portionsweise abstechen und in die Torteletts füllen. Mit den karamelisierten Stachelbeeren und der restlichen Zitronenschale anrichten.

Tip: Durch das Blindbacken wird verhindert, daß der Teigrand beim Backen absackt.

Leipziger Lerchen

12 BACKFÖRMCHEN

ø: unten etwa 4 cm ; oben etwa 8 cm Höhe: 3–4 cm

Zubereitungszeit:
40 Minuten
Backzeit:
etwa 25 Minuten

Insgesamt:
E: 70 g, F: 233 g, Kh: 503 g, kJ: 19243, kcal: 4597

Für den Knetteig
200 g Weizenmehl
1/2 gestr. TL Backpulver
75 g Zucker
1 Pck. Vanillin–Zucker
2 EL Wasser
100 g Butter oder Margarine

100 g Aprikosenkonfitüre

Für die Füllung
80 g Butter
125 g Zucker
1 Prise Salz
1 Ei (Größe M)
1 Eiweiß
100 g Weizenmehl
125 g abgezogene, gehackte Mandeln
2 Tropfen Bittermandel-Aroma
5 EL Milch
2 EL Rum

Zum Bestreichen
1 Eigelb
1 EL Milch

1 Für den Teig Mehl und Backpulver mischen und in eine Rührschüssel sieben. Zucker, Vanillin-Zucker, Wasser und Butter oder Margarine hinzufügen.

2 Die Zutaten mit Handrührgerät mit Knethaken zunächst kurz auf niedrigster, dann auf höchster Stufe gut durcharbeiten.

3 Anschließend auf der Arbeitsfläche zu einem glatten Teig verkneten. Sollte er kleben, ihn eine Zeitlang kalt stellen.

4 Den Teig dünn ausrollen und 12 Kreise (Ø etwa 10 cm) ausstechen. Die leicht gefetteten Backförmchen damit auslegen. Jeweils einen gestrichenen Teelöffel Konfitüre hineingeben.

5 Für die Füllung die Butter mit Handrührgerät mit Rührbesen geschmeidig rühren. Zucker, Salz, Ei und Eiweiß hinzufügen. Mehl sieben, mit Mandeln, Bittermandel-Aroma, Milch und dem Rum unterrühren. Die Masse in die Förmchen füllen und obenauf jeweils einen kleinen, ausgestochenen Teigstern legen.

6 Eigelb und Milch verschlagen und die Sterne damit bestreichen. Die Backförmchen auf dem Rost in den Backofen schieben.

Ober-/Unterhitze:
180–200 °C (vorgeheizt)
Heißluft: 160–180 °C (nicht vorgeheizt)
Gas: Stufe 3–4 (vorgeheizt)
Backzeit: etwa 25 Minuten

7 Das Gebäck etwa 10 Minuten abkühlen lassen und erst dann aus den Förmchen lösen.

Tip: Anstelle der oben angegebenen Förmchen können auch jeweils 2 ineinandergesetzte Papierbackförmchen (nicht gefettet) verwendet werden.

Blätterteigschnitten

BACKBLECH
38 x 28 cm

Zubereitungszeit:
10 Minuten, ohne Auftauzeit
Backzeit:
15–20 Minuten

Insgesamt:
E: 45 g, F: 201 g, Kh: 266 g,
kJ: 12990, kcal: 3104

1 Pck. (450 g) TK-Blätterteig
100 g gehackte Haselnußkerne
25 g gehackte Pistazienkerne
75 g Zucker
1 Eiweiß
1 EL Wasser
2 EL Hagelzucker

1 Den Blätterteig zugedeckt bei Zimmertemperatur auftauen lassen. Die Platten halbieren und auf ein gefettetes, mit Wasser besprenkeltes Backblech legen.

2 Haselnußkerne, Pistazien, Zucker, Eiweiß und Wasser verrühren. Die Masse in die Mitte der Blätterteigplatten geben und mit Hagelzucker bestreuen. Das Backblech in den Backofen schieben.

Ober-/Unterhitze:
etwa 200 °C (vorgeheizt)
Heißluft: etwa 180 °C
(nicht vorgeheizt)
Gas: etwa Stufe 3 (vorgeheizt)
Backzeit: 15–20 Minuten

Kokoszöpfe

BACKBLECH
38 x 28 cm

Zubereitungszeit:
20 Minuten
Backzeit:
etwa 20 Minuten

Insgesamt:
E: 61 g, F: 103 g, Kh: 312 g,
kJ: 10537, kcal: 2517

300 g Weizenmehl
1 Pck. Backpulver
150 g Magerquark
5 EL Milch
5 EL Speiseöl
75 g Zucker
1 Prise Salz
1 Eigelb
abgeriebene Schale von 1 Zitrone (unbehandelt)
5 EL Kokosraspel
3 EL Milch zum Bestreichen

1 Mehl mit Backpulver mischen und in eine Rührschüssel sieben. Quark, Milch, Öl, Zucker, Salz, Eigelb, Zitronenschale und 3 Eßlöffel der Kokosraspeln hinzufügen. Die Zutaten mit Handrührgerät mit Knethaken auf höchster Stufe in etwa 1 Minute zu einem Teig verarbeiten (nicht zu lange, der Teig klebt sonst).

2 Ihn anschließend auf der bemehlten Arbeitsfläche zu einer Rolle formen und in 14 Stücke teilen. Teigstücke dritteln, zu langen Rollen drehen und zu Zöpfen flechten.

3 Die Teigzöpfe auf ein mit Backpapier belegtes Backblech legen, mit Milch bestreichen und mit den restlichen Kokosraspeln bestreuen. Das Backblech in den Backofen schieben.

Ober-/Unterhitze:
etwa 200 °C (vorgeheizt)
Heißluft: etwa 180 °C
(nicht vorgeheizt)
Gas: etwa Stufe 3 (vorgeheizt)
Backzeit: etwa 20 Minuten

Mandelschleifen

BACKBLECH
38 x 28 cm

Zubereitungzeit:
30 Minuten, ohne Auftauzeit
Backzeit:
etwa 15 Minuten

Insgesamt:
E: 45 g, F: 206 g, Kh: 225 g,
kJ: 12605, kcal: 3012

1 Pck. (300 g) TK-Blätterteig

Für die Füllung
200 g Marzipan-Rohmasse
1 EL Aprikosenkonfitüre
50 g weiche Butter oder
Margarine

etwas Kondensmilch
etwa 20 g abgezogene,
gehobelte Mandeln
30 g Puderzucker

1 Die Blätterteigplatten zugedeckt bei Zimmertemperatur auftauen lassen. Die Platten aufeinanderlegen und zu einem Rechteck (50 x 35 cm) ausrollen.

2 Für die Füllung Marzipan-Rohmasse mit Aprikosenkonfitüre und Butter oder Margarine mit Handrührgerät mit Rührbesen zu einer geschmeidigen Masse verrühren.

3 Die Masse auf eine Teighälfte streichen und die andere Teighälfte darüberklappen, so daß ein Rechteck (25 x 35 cm) entsteht. Das gefüllte Teigstück in etwa 1¹/₂ cm breite und 25 cm lange Streifen schneiden.

4 Die Teigstreifen zu einer losen Schleife schlingen und auf ein gefettetes, mit Wasser besprenkeltes Backblech legen. Die Schleife mit Kondensmilch bestreichen und mit Mandeln bestreuen. Das Backblech in den Backofen schieben.

Ober-/Unterhitze:
200–220 °C (vorgeheizt)
Heißluft: 180–200 °C (nicht vorgeheizt)
Gas: Stufe 4–5 (vorgeheizt)
Backzeit: etwa 15 Minuten

5 Die erkalteten Mandelschleifen vor dem Servieren mit Puderzucker bestäuben.

Abwandlung: Für einen Mandel-Apfel-Strudel den Blätterteig wie oben angegeben auftauen lassen und ausrollen. Die Füllung wie oben angegeben zubereiten und auf den Teig streichen, so daß jeweils ein etwa 5 cm breiter Rand ohne Füllung bleibt. 2 Äpfel schälen, vierteln, entkernen und quer in dünne Scheiben schneiden. Die Apfelscheiben auf die Füllung geben. Die Teigränder auf die Füllung umschlagen und den Teig von der längeren Seite her aufrollen. Die Teigrolle auf ein gefettetes Backblech legen, mit Kondensmilch bestreichen, mit den Mandeln bestreuen und bei 170–200 °C (Heißluft: 150–180 °C, Gas: etwa Stufe 3) etwa 40 Minuten backen. Vor dem Servieren mit Puderzucker bestäuben.

Apfel-Blätterteig-Herzen

BACKBLECH
38 x 28 cm

Zubereitungszeit:
20 Minuten, ohne Auftauzeit
Backzeit:
etwa 15 Minuten

Insgesamt:
E: 7 g, F: 43 g, Kh: 73 g,
kJ: 3249, kcal: 776

(Foto)
4 Platten TK-Blätterteig
2 Äpfel, z. B. Boskop
etwas weiche Butter
1 EL Zucker
4 kandierte Kirschen

1 Die Blätterteigplatten zugedeckt bei Zimmertemperatur auftauen lassen. Jeweils 2 Platten aufeinanderlegen und etwa 3 mm dünn ausrollen. Mit einem großen Herzausstecher 4 Herzen ausstechen und auf ein mit Backpapier belegtes Backblech legen.

2 Die Äpfel schälen, vierteln, entkernen und in Spalten schneiden. Die Apfelspalten entsprechend der Herzform auf die Teigherzen legen. Mit der Butter bestreichen und mit Zucker bestreuen. Das Backblech in den Backofen schieben.

Ober-/Unterhitze:
etwa 200 °C (vorgeheizt)
Heißluft: etwa 180 °C
(nicht vorgeheizt)
Gas: Stufe 3–4 (vorgeheizt)
Backzeit: etwa 15 Minuten

3 Die fertigen Apfel-Blätterteig-Herzen mit je einer kandierten Kirsche belegen.

Birnentörtchen

BACKBLECH
38 x 28 cm

Zubereitungszeit:
20 Minuten, ohne Auftauzeit
Backzeit:
30–35 Minuten

Insgesamt:
E: 22 g, F: 80 g, Kh: 118 g,
kJ: 5519, kcal: 1320

$^1/_2$ Pck. (150 g) TK-Blätterteig
2 nicht zu reife Birnen
75 g Marzipan-Rohmasse
abgezogene,
gehobelte Mandeln
Hagelzucker zum Bestreuen

1 Die Blätterteigplatten zugedeckt bei Zimmertemperatur auftauen lassen. Die Platten dann aufeinanderlegen und etwa 3 mm dünn ausrollen.

2 Die Birnen schälen, halbieren und entkernen. Die Marzipan-Rohmasse in die Birnenhälften verteilen und glattdrücken.

3 Die Birnenhälften mit der Füllung nach unten auf den Blätterteig legen und den Teig mit einem Teigrad in Form der Birnen ausrädeln, dabei rund um die Birnen einen Rand von etwa $^1/_2$ cm frei lassen. Den Teigrand an die Birnen drücken.

4 Die Birnentörtchen auf ein mit Backpapier belegtes Backblech legen. Die Oberseite der Birnen einige Male längs einschneiden, mit Mandelblättchen spicken und mit Hagelzucker bestreuen. Das Backblech in den Backofen schieben.

Ober-/Unterhitze:
etwa 200 °C (vorgeheizt)
Heißluft: etwa 180 °C
(nicht vorgeheizt)
Gas: Stufe 3–4 (vorgeheizt)
Backzeit: 30–35 Minuten

Hefe-Pistazien-Nester

BACKBLECH
38 x 28 cm

Zubereitungszeit:
25 Minuten, ohne Teiggehzeit
Backzeit:
etwa 20 Minuten

Insgesamt:
E: 78 g, F: 75 g, Kh: 432 g,
kJ: 11917, kcal: 2847

Für den Hefeteig
500 g Weizenmehl
1 Pck. Trocken-Backhefe
50 g Zucker
1/2 TL Salz
1 Ei (Größe M)
250 ml (1/4 l) lauwarme Milch
50 g zerlassene,
abgekühlte Butter
50 g gehackte Pistazienkerne

1 Ei (Größe M)
25 g gehackte Pistazienkerne

1 Für den Teig Mehl in eine Rührschüssel sieben und mit der Hefe sorgfältig vermischen. Zucker, Salz, Ei, Milch, Butter und Pistazien hinzufügen.

2 Die Zutaten mit Handrührgerät mit Knethaken zunächst auf niedrigster, dann auf höchster Stufe in etwa 5 Minuten zu einem Teig verarbeiten. Den Teig zugedeckt an einem warmen Ort so lange stehen lassen, bis er sich sichtbar vergrößert hat.

3 Den Teig aus der Schüssel nehmen, auf der Arbeitsfläche nochmals kurz durchkneten und in 10 Portionen teilen. Jede Portion halbieren und jeweils 2 Stränge von etwa 20 cm Länge drehen.

4 Beide Teigstränge miteinander zu einer Kordel drehen und als Kranz bzw. Nest auf das mit Backpapier belegte Backblech legen.

5 Das Ei verschlagen, die Nester damit bestreichen und mit den Pistazien bestreuen. Das Backblech in den Backofen schieben.

Ober-/Unterhitze:
etwa 200 °C (vorgeheizt)
Heißluft: etwa 180 °C
(nicht vorgeheizt)
Gas: etwa Stufe 3 (vorgeheizt)
Backzeit: etwa 20 Minuten

Tip: Hartgekochte, gefärbte Eier in die Nester setzen.

Hefeteigfiguren

BACKBLECH
38 x 28 cm

Zubereitungszeit:
30 Minuten, ohne Teiggehzeit
Backzeit:
15–20 Minuten

Insgesamt:
E: 73 g, F: 95 g, Kh: 469 g,
kJ: 13225, kcal: 3159

Für den Hefeteig
500 g Weizenmehl
1 Pck. Trocken-Backhefe
70 g Zucker
1/2 TL Salz
250 ml (1/4 l) lauwarme Milch
75 g weiche Butter

Zum Bestreichen
1 Eigelb
4 EL Milch

Zum Garnieren
Nußkerne
Rosinen
Belegkirschen

1 Für den Teig Mehl in eine Rührschüssel sieben und mit der Hefe sorgfältig vermischen. Zucker, Salz, Milch und Butter hinzufügen.

2 Die Zutaten mit Handrührgerät mit Knethaken zunächst auf niedrigster, dann auf höchster Stufe in etwa 5 Minuten zu einem Teig verarbeiten.

3 Den Teig zugedeckt an einem warmen Ort so lange stehen lassen, bis er sich sichtbar vergrößert hat. Ihn dann aus der Schüssel nehmen, auf der Arbeitsfläche nochmals kurz durchkneten und daraus Figuren formen, z. B. eine Maus, eine Glocke oder ein Stuten-Pärchen.

4 Die Figuren auf ein mit Backpapier belegtes Backblech legen und nochmals zugedeckt an einem warmen Ort so lange stehen lassen, bis sie sich sichtbar vergrößert haben.

5 Eigelb und Milch verschlagen und die Figuren damit bestreichen. Die Figuren nach Belieben mit Nußkernen, Rosinen oder Belegkirschen garnieren. Das Backblech in den Backofen schieben.

Ober-/Unterhitze:
etwa 200 °C (vorgeheizt)
Heißluft: etwa 180 °C
(nicht vorgeheizt)
Gas: etwa Stufe 3 (vorgeheizt)
Backzeit: 15–20 Minuten

Tip: Durch das Bestreichen mit dem verschlagenen Eigelb bekommen die Figuren einen schönen Glanz.

Brandteigringe

BACKBLECH
38 x 28 cm

Zubereitungszeit:
30 Minuten, ohne Kühlzeit
Backzeit:
35–40 Minuten

Insgesamt:
E: 67 g, F: 253 g, Kh: 300 g, kJ: 17079, kcal: 4078

Für den Brandteig
- 250 ml (1/4 l) Wasser
- 1 Prise Salz
- 50 g Butter oder Margarine
- 150 g Weizenmehl
- 3–4 Eier
- 1 Msp. Backpulver

Für die Eierlikörcreme
- 1 Pck. Pudding-Pulver Vanille-Geschmack
- 350 ml Milch
- 50 g Zucker
- 1 Prise Salz
- 150 ml Eierlikör
- 200 g Butter
- 50 g Puderzucker

bunte Zuckereier

1 Für den Teig Wasser mit Salz und Butter oder Margarine am besten in einem Stieltopf zum Kochen bringen. Mehl sieben, auf einmal in die von der Kochstelle genommene Flüssigkeit schütten und zu einem glatten Kloß rühren. Unter Rühren etwa 1 Minute erhitzen, den heißen Kloß sofort in eine Schüssel geben.

2 Nach und nach die Eier mit Handrührgerät mit Knethaken auf höchster Stufe unterarbeiten. Die Eimenge hängt von der Beschaffenheit des Teiges ab, er muß stark glänzen und so von einem Löffel abreißen, daß lange Spitzen hängenbleiben.

3 Das Backpulver in den erkalteten Teig arbeiten. Den Teig in einen Spritzbeutel mit großer Sterntülle füllen und auf ein mit Backpapier belegtes Backblech etwa 16 Kreise (Ø 5 cm) spritzen. Das Backblech in den Backofen schieben.

Ober-/Unterhitze:
etwa 200 °C (vorgeheizt)
Heißluft: etwa 180 °C
(nicht vorgeheizt)
Gas: etwa Stufe 3 (vorgeheizt)
Backzeit: 35–40 Minuten

4 Die fertigen Brandteigringe einmal waagerecht durchschneiden und auf einem Kuchenrost erkalten lassen.

5 Für die Eierlikörcreme aus Pudding-Pulver, Milch, Zucker und Salz nach Packungsaufschrift (aber mit den hier angegebenen Zutaten) einen Pudding zubereiten. Eierlikör unterrühren und den Pudding abkühlen lassen, dabei ab und zu umrühren, damit sich keine Haut bildet.

6 Butter mit Puderzucker geschmeidig rühren und den abgekühlten Pudding eßlöffelweise unterrühren. Die Buttercreme in einen Spritzbeutel geben und die Ringe damit füllen. Die Creme im Kühlschrank fest werden lassen. Mit Zuckereiern garniert servieren.

Tip: Damit der Pudding beim Abkühlen keine Haut bekommt, kann man ihn auch mit Klarsichtfolie abdecken bzw. die Folie direkt auf den Pudding legen.

Sonnenblumen-Knacker

BACKBLECH
38 x 28 cm

Zubereitungszeit:
50 Minuten, ohne Kühlzeit
Backzeit:
18–20 Minuten

Insgesamt:
E: 84 g, F: 317 g, Kh: 474 g, kJ: 21955, kcal: 5245

Für den Knetteig
300 g Weizenmehl
100 g Zucker
1 Ei (Größe M)
200 g Butter

Für den Belag
80 g Zucker
40 g Honig
knapp 6 EL Schlagsahne
35 g Butter
150 g Sonnenblumenkerne

50 g Zartbitter-Kuvertüre

1 Für den Teig Mehl in eine Rührschüssel sieben. Zucker, Ei und Butter hinzufügen. Die Zutaten mit Handrührgerät mit Knethaken zunächst kurz auf niedrigster, dann auf höchster Stufe gut durcharbeiten.

2 Anschließend auf der bemehlten Arbeitsfläche zu einem glatten Teig verkneten und eine Zeitlang kalt stellen.

3 Den Teig etwa 3,5 mm dünn ausrollen und 8 Kreise (Ø 10 cm) ausstechen, auf ein mit Backpapier belegtes Backblech legen und mit Ringen aus Alufolie umlegen. Das Backblech in den Backofen schieben und die Teigplatten goldbraun backen.

Ober-/Unterhitze:
etwa 200 °C (vorgeheizt)
Heißluft: etwa 180 °C
(nicht vorgeheizt)
Gas: Stufe 3–4 (vorgeheizt)
Backzeit: etwa 10 Minuten

4 In der Zwischenzeit für den Belag Zucker, Honig, Sahne und Butter aufkochen und etwa 5 Minuten köcheln lassen. Dann die Sonnenblumenkerne unterrühren. Die Masse auf die vorgebackenen Teigplatten füllen.

5 Das Backblech wieder in den Backofen schieben und die Sonnenblumen-Knacker bei leicht geöffneter Backofentür bei der oben angegebenen Temperatur noch 8–10 Minuten backen.

6 Kuvertüre grob zerkleinern und in einem kleinen Topf im Wasserbad zu einer geschmeidigen Masse verrühren. Die erkalteten Sonnenblumen-Knacker auf der Unterseite damit überziehen.

Tip: Anstelle der Sonnenblumenkerne können auch grob zerkleinerte Haselnuß-, Walnuß- oder Pecannußkerne verwendet werden.

Schokoladen-Bärchen

BÄRCHEN-BACKFORM (BACKBLECH)
35 x 26,5 x 3 cm

Zubereitungszeit:
30 Minuten
Backzeit:
etwa 25 Minuten

Insgesamt:
E: 53 g, F: 20 g, Kh: 437 g,
kJ: 9231, kcal: 2205

Für den Rührteig
125 g Butter oder Margarine
125 g Zucker
1 Pck. Vanillin-Zucker
2 Eier (Größe M)
175 g Weizenmehl
2 EL Kakaopulver
2 gestr. TL Backpulver
2 EL Milch

Für den Guß
75 g gesiebter Puderzucker
1–2 TL Wasser oder Zitronensaft

evtl. Schokolinsen,
Streuzucker

1 Für den Teig Butter oder Margarine mit Handrührgerät mit Rührbesen auf höchster Stufe geschmeidig rühren. Nach und nach Zucker und Vanillin-Zucker unterrühren, so lange rühren, bis eine gebundene Masse entstanden ist. Eier nach und nach unterrühren (jedes Ei etwa 1/2 Minute).

2 Mehl mit Kakao und Backpulver mischen, sieben und abwechselnd portionsweise mit der Milch auf mittlerer Stufe unterrühren. Den Teig in die gut gefetteten Vertiefungen der Bärchenbackform füllen, dabei die Vertiefungen nur zu 2/3 füllen. Die Bärchenbackform auf dem Rost in den Backofen schieben.

Ober-/Unterhitze:
etwa 180 °C (vorgeheizt)
Heißluft: etwa 160 °C
(nicht vorgeheizt)
Gas: etwa Stufe 3 (vorgeheizt)
Backzeit: etwa 25 Minuten

3 Nach dem Backen die Bärchen aus der Form stürzen und auf einem Kuchenrost erkalten lassen.

4 Für den Guß Puderzucker mit Wasser oder Zitronensaft verrühren und die erkalteten Bärchen damit überziehen.

5 Die Bärchen nach Belieben mit buntem Zuckerwerk garnieren, z. B. Nasen aus Schokolinsen, Tatzen aus Streuzucker und Münder aus Zuckerguß.

Tip: 50 g des Mehls durch gemahlene Haselnußkerne ersetzen und die Bärchen mit 200 g zerlassener Halbbitter-Kuvertüre überziehen.

Brownies mit Kirschen und Guß

BACKBLECH
35 x 18,5 cm

Zubereitungszeit:
20 Minuten, ohne Kühlzeit
Backzeit:
etwa 30 Minuten

Insgesamt:
E: 106 g, F: 336 g, Kh: 613 g, kJ: 25567, kcal: 6108

Für den Rührteig
250 g Weizenmehl
2 gestr. TL Backpulver
150 g Butter
125 g geriebene Zartbitter-schokolade
4 Eier (Größe M)
200 g Zucker
1 Pck. Vanillin-Zucker
150 g gehackte Walnußkerne

1 Glas Schattenmorellen (Abtropfgewicht 190 g)
25 g geraspelte Schokolade

Für den Guß
125 g Halbbitter-Kuvertüre
60 ml Milch
40 g Butter
Kakaopulver

1 Für den Teig Mehl und Backpulver mischen und in eine Rührschüssel sieben. Butter zerlassen, die Schokolade darin auflösen und die Masse unter das Mehl rühren.

2 Die Eier verrühren und unterrühren. Zucker, Vanillin-Zucker und Walnußkerne hinzufügen. Den Teig auf das gefettete Backblech geben und glattstreichen.

3 Kirschen auf einem Sieb gut abtropfen lassen und auf die eine Teighälfte geben. Die Schokolade über die Kirschen streuen. Das Backblech auf dem Rost in den Backofen schieben.

Ober-/Unterhitze:
etwa 180 °C (vorgeheizt)
Heißluft: etwa 160 °C
(nicht vorgeheizt)
Gas: etwa Stufe 3 (vorgeheizt)
Backzeit: etwa 30 Minuten

4 Das Gebäck auf dem Backblech erkalten lassen.

5 Für den Guß die Kuvertüre fein hacken. Milch mit der Butter aufkochen, zu der Kuvertüre geben und glattrühren. Den Guß auf der freien Hälfte des Kuchens verteilen und ihn 2–3 Stunden kalt stellen.

6 Einige Papierstreifen auf den fest gewordenen Guß legen, Kakao darüberstäuben und die Papierstreifen vorsichtig entfernen. Den Kuchen vor dem Servieren in kleine Quadrate (5 x 5 cm) schneiden.

Kalter Hund

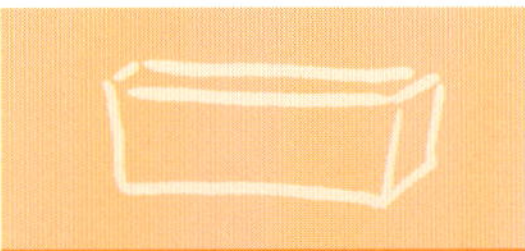

KASTENFORM
11,5 x 8,5 cm

Zubereitungszeit:
20 Minuten, ohne Kühlzeit

Insgesamt:
E: 19 g, F: 103 g, Kh: 113 g, kJ: 6253, kcal: 1493

85 g Kokosfett
1 Ei (Größe M)
75 g gesiebter Puderzucker
20 g gesiebtes Kakaopulver
etwa 12 Butterkekse

1 Das Kokosfett zerlassen und abkühlen lassen.

2 Das Ei mit Puderzucker und Kakao verrühren und das Kokosfett unterrühren. Die Kastenform mit Back- oder Pergamentpapier auslegen und abwechselnd Kakaocreme und Kekse einschichten.

3 Die Kastenform in den Kühlschrank stellen und den kalten Hund fest werden lassen (am besten über Nacht).

4 Den kalten Hund dann stürzen, das Papier abziehen und das Gebäck in 1 cm dicke Scheiben schneiden.

Tip 1: Das Ei sollte dieselbe Temperatur haben wie das Kokosfett, weil die Masse sonst gerinnen könnte.

Tip 2: Wer keine kleine Kastenform hat, kann auch eine mit Back- oder Pergamentpapier ausgelegte, eckige Vorratsdose, Gefrierbox oder ähnliches verwenden oder ein Förmchen aus Alufolie selber formen.

Abwandlung: Für Schoko-Bananen die Schokoladencreme wie oben angegeben zubereiten und etwa die Hälfte davon in die vorbereitete Form streichen. 1 Banane schälen, längs habieren, die Hälften nebeneinander in die Form legen und die restliche Schokoladencreme darauf verteilen. Kühl stellen. Die Schoko-Bananen in dicke Scheiben schneiden und mit geschlagener, nach Belieben mit Kokosraspeln verrührter Sahne servieren.

Philadelphia-Torte

SPRINGFORMRAND
ø: 18 cm

Zubereitungszeit:
40 Minuten, ohne Kühlzeit

Insgesamt:
E: 43 g, F: 140 g, Kh: 127 g, kJ: 8392, kcal: 2004

Für den Boden
100 g Löffelbiskuits
50 g Butter

Für die Füllung
1 Beutel aus 1 Pck. Götterspeise Zitrone-Geschmack (für 500 ml Flüssigkeit)
300 ml Wasser
65 g Zucker
100 g Doppelrahm-Frischkäse
1 EL Zitronensaft
200 ml Schlagsahne

1 Für den Boden Löffelbiskuits in einen Gefrierbeutel geben, den Beutel verschließen, die Löffelbiskuits mit einer Teigrolle zerdrücken und in eine Schüssel geben.

2 Butter zerlassen, zu den Löffelbiskuits geben und gut verrühren. Den Springformrand oder einen Tortenring auf eine kleine Tortenplatte stellen.

3 Die Löffelbiskuitmasse gleichmäßig darin verteilen (1 Eßlöffel davon zum Garnieren zurücklassen) und mit einem Löffel gut andrücken. Kühl stellen.

4 Für die Füllung Götterspeise mit Wasser und Zucker anrühren und 10 Minuten zum Quellen stehen lassen.

5 Die gequollene Götterspeise unter Rühren erhitzen, bis sie gelöst ist. Ein Drittel der Götterspeise auf einen tiefen Teller gießen und abkühlen lassen.

6 Frischkäse und Zitronensaft verrühren, die restlichen zwei Drittel Götterspeise unterrühren und kalt stellen.

7 Sobald die Masse anfängt dicklich zu werden, Sahne steif schlagen und unterheben. Die Creme in die Form füllen und glattstreichen. Die Torte etwa 2 Stunden kühl stellen.

8 Die Torte vom Springformrand (Tortenring) lösen. Die Götterspeise auf dem Teller in Würfel schneiden und die Tortenoberfläche damit garnieren. Den Rand der Torte mit Hilfe eines Messers mit der zurückgelassenen Löffelbiskuitmasse garnieren.

Tip: Die Torte nach Belieben zusätzlich mit Melisseblättchen oder Erdbeeren garnieren.

Früchte-Joghurt-Torte

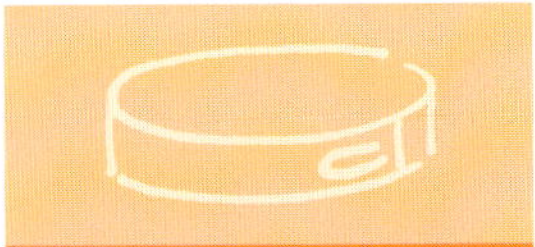

SPRINGFORMRAND

ø: 20 cm

Zubereitungszeit:
40 Minuten, ohne Kühlzeit

Insgesamt:
E: 61 g, F: 124 g, Kh: 185 g,
kJ: 9081, kcal: 2172

Für den Boden
100 g Löffelbiskuits
50 g Butter

Für die Füllung
4 Blatt weiße Gelatine
150 g Sahnejoghurt
50 g Zucker
1 Pck. Vanillin-Zucker
1 EL Zitronensaft
200 ml Schlagsahne

Für den Belag
400 g vorbereitetes, frisches Obst der Saison, z. B. Erdbeeren, Nektarinen, Pfirsiche
1/2 Pck. gezuckerter Tortenguß, klar
125 ml (1/8 l) Apfelsaft

1 Für den Boden Löffelbiskuits in einen Gefrierbeutel geben, den Beutel verschließen, die Löffelbiskuits mit einer Teigrolle zerdrücken und in eine Schüssel geben.

2 Butter zerlassen, zu den Löffelbiskuits geben und gut verrühren. Den Springformrand oder einen Tortenring auf eine kleine Tortenplatte stellen. Die Löffelbiskuitmasse gleichmäßig darin verteilen und mit einem Löffel gut andrücken. Kühl stellen.

3 Für die Füllung Gelatine in kaltem Wasser einweichen. Joghurt mit Zucker, Vanillin-Zucker und Zitronensaft verrühren. Gelatine ausdrücken, auflösen und unter die Joghurtcreme rühren.

4 Wenn die Creme beginnt dicklich zu werden, Sahne steif schlagen und unterheben. Die Creme auf den Boden füllen und glattstreichen. Die Torte etwa 2 Stunden kalt stellen.

5 Die Torte mit dem vorbereiteten Obst belegen. Aus Tortenguß und Apfelsaft nach Packungsaufschrift einen Guß zubereiten und über das Obst geben. Die Torte kalt stellen. Vor dem Servieren den Springformrand (Tortenring) entfernen.

Quark-Kirsch-Torte

SPRINGFORM

ø: 20 cm
Inhalt: 1650 ml

Zubereitungszeit:
60 Minuten, ohne Kühlzeit

Insgesamt:
E: 118 g, F: 144 g, Kh: 401 g, kJ: 14623, kcal: 3491

Für den Boden
100 g Zartbitterschokolade
50 g Vollmilchschokolade
50 g Cornflakes

Für den Kirschbelag
1 Glas (720 ml) entsteinte Sauerkirschen
1/2 Zimtstange
2 gestr. EL Zucker
20 g Speisestärke
2 EL Wasser

Für die Creme
5 Blatt weiße Gelatine
100 g Doppelrahm-Frischkäse
250 g Magerquark
70 g Zucker
1 Pck. Vanillin-Zucker
Saft von 1/2 Zitrone
200 ml Schlagsahne

1 Für den Boden Zartbitter- und Vollmilchschokolade grob zerkleinern, in einem kleinen Topf im Wasserbad bei schwacher Hitze zu einer geschmeidigen Masse verrühren.

2 Cornflakes unterrühren. Die Masse in die Springform (Boden mit Speiseöl bestrichen) füllen und gut verteilen. Kühl stellen, bis der Boden fest geworden ist.

3 Für den Kirschbelag Kirschen auf einem Sieb abtropfen lassen, dabei den Saft auffangen. 125 ml (1/8 l) davon abmessen und beiseite stellen. Den restlichen Kirschsaft mit Zimt und Zucker aufkochen lassen.

4 Speisestärke mit Wasser anrühren und den Kirschsaft damit binden. Die Kirschen unterheben und erkalten lassen.

5 Die Zimtstange aus der erkalteten Kirschmasse entfernen, die Masse auf den Boden streichen und wieder kalt stellen.

6 Für die Creme drei Blatt Gelatine in kaltem Wasser einweichen. Frischkäse, Quark, Zucker, Vanillin-Zucker und Zitronensaft verrühren.

7 Die Gelatine ausdrücken, auflösen, zunächst mit etwas von der Quarkcreme verrühren und dann unter die restliche Quarkcreme rühren.

8 Wenn die Creme anfängt zu gelieren, die Sahne steif schlagen und unterrühren. Die Quark-Sahne-Creme auf die Kirschen streichen und die Torte etwa 60 Minuten kalt stellen.

9 Die restliche Gelatine in kaltem Wasser einweichen, ausdrücken, auflösen, mit dem abgemessenen Kirschsaft verrühren und kühl stellen.

10 Sobald der Saft anfängt zu gelieren, ihn eßlöffelweise auf die Quark-Sahne-Creme geben. Die Torte bis zum Servieren kalt stellen.

Tip: Nach Belieben nur etwa zwei Drittel der Sahne unter die Creme rühren. Vor dem Servieren die restliche Sahne in einen Spritzbeutel füllen und die Torte damit verzieren.

Eiswichtel

6 SCHOKOLADEN-SCHÄLCHEN
ø: 6 cm

Zubereitungszeit:
15 Minuten, ohne Gefrierzeit

Insgesamt:
E: 34 g, F: 67 g, Kh: 362 g,
kJ: 9559, kcal: 2284

500 ml (1/2 l) fertige Eiscreme,
z. B. Cappuccino-Eiscreme,
Schokoladen-Eiscreme
6 fertige Schokoladenschälchen
6 fertige Baiserschalen

1 Die Eiscreme so lange antauen lassen, bis sie cremig ist. Sie dann kuppelartig in die Schokoladenschälchen streichen. Die Schälchen in das Gefrierfach stellen und die Eiscreme wieder gefrieren lassen.

2 Vor dem Servieren die Baiserschalen über das Eis stülpen.

Abwandlung: Eisgugelhupf
Für einen Eisgugelhupf 4 Baiserschalen grob zerhacken. Die angetaute Eiscreme damit vermengen, die Masse in eine Napfkuchenform (Ø 16 cm) füllen und im Gefrierfach gefrieren lassen (am besten über Nacht). Die Form etwa 10 Minuten vor dem Servieren herausnehmen und bei Zimmertemperatur stehen lassen. Den Eisgugelhupf auf einen Teller stürzen und nach Belieben mit frischen, vorbereiteten Früchten oder mit geschlagener Sahne servieren.

Eistorte

BACKBLECH
38 x 28 cm

Zubereitungszeit:
20 Minuten, ohne Trocken- und Gefrierzeit
Backzeit:
etwa 2 Stunden

Insgesamt:
E: 33 g, F: 27 g, Kh: 97 g,
kJ: 7424, kcal: 1772

Für den Baiserboden
2 Eiweiß (Größe M)
150 g Zucker
500 ml (1/2 l) Schokoladen-Eiscreme
8 EL Eierlikör
evtl. Kekse zum Garnieren

1 Für den Baiserboden Eiweiß und Zucker mit Handrührgerät mit Rührbesen sehr steif schlagen. Den Eischnee kreisförmig auf ein mit Backpapier belegtes Backblech streichen (Ø 26 cm). Das Backblech in den Backofen schieben.

Ober-/Unterhitze:
100–130 °C (vorgeheizt)
Heißluft: 80–110 °C (nicht vorgeheizt)
Gas: Stufe 1–2 (vorgeheizt)
Backzeit: etwa 2 Stunden

2 Nach Beendigung der Backzeit den Baiserboden noch etwa 60 Minuten im ausgeschalteten Backofen trocknen lassen.

3 Die Eiscreme so lange antauen lassen, bis sie cremig ist. Sie dann mit 6 Eßlöffeln Eierlikör vermengen und auf den Baiserboden streichen. Die Torte in das Gefrierfach stellen und die Eiscreme wieder gefrieren lassen.

4 Vor dem Servieren die Torte mit dem restlichen Eierlikör besprenkeln und nach Belieben mit Keksen garnieren.

Ratgeber

Kleine Backformen

Kleine Backformen sind mittlerweile im Handel nicht nur in den verschiedensten Formen, sondern auch in unterschiedlichen Materialien und Preislagen zu bekommen.

Da gibt es kleine Springformen (auch mit Rohrboden), Napfkuchenformen, Kastenformen und vieles mehr, so daß man eigentlich alle Lieblingskuchen und -torten auch im Miniformat backen kann.

Formgrößen und -inhalte

Napfkuchenform Ø 16 cm	1150 ml
Kastenform Länge 20 cm	1250 ml
Kastenförmchen 9 x 6 cm	150 ml
Springform Ø 16 cm	1150 ml
Springform Ø 18 cm	1250 ml
Springform mit Rohrboden Ø 18 cm	1200 ml
Springform Ø 20 cm	1650 ml
Backblech: Innenmaße 35 x 18,5 cm (Außenmaße 40 x 26 cm)	

Bei jedem Rezept in diesem Buch ist die Größe (in cm) und, wenn möglich, der Inhalt (in ml) der verwendeten Backformen angegeben. Dazu wurden die Formen randvoll mit Wasser gefüllt ausgemessen. Bei Verwendung eines Backbleches haben wir zur Unterscheidung zu einem „normalen" Backblech von 38 x 28 cm für das kleine Backblech die Innenmaße 36 x 18,5 cm angegeben (auf der Verpackung sind normalerweise die Außenmaße 40 x 26 cm angegeben).

Ersatzformen

Wer kein kleines Backblech kaufen will, kann auch ein „normales" nehmen und auf etwa der Hälfte mit einem Streifen Alufolie abteilen. Auch für die Zubereitung von Kleingebäck ist nicht unbedingt ein kleines Backblech vonnöten.

Wer bestimmte Formen nicht hat oder den entsprechenden Kuchen in einer anderen Form backen möchte, kann anhand der Inhaltsangaben auch andere Formen verwenden, wie z. B. kleine Auflaufformen. Dabei muß man allerdings beachten, daß sich je nach Höhe der Form evtl. die Backtemperatur oder -zeit ändern kann. Am besten macht man die Stäbchenprobe: ein Holzstäbchen wird an der dicksten Stelle in den Kuchen gestochen. Ist das Hölzchen trocken und haftet kein Teig mehr daran, ist der Kuchen gar. Man kann auch selber Formen aus Alufolie herstellen. Dazu nimmt man Tetrapacks, Schüsseln oder andere Gegenstände, die die gewünschte Form und Größe haben, legt ein entsprechend großes Stück Alufolie darüber, drückt die Folie rundherum gut an und entnimmt dann den Gegenstand. Es ist nicht notwendig, die Aluförmchen zu fetten, da die Folie nach dem Backen einfach abgezogen werden kann.

Ein weiterer, pfiffiger Ersatz für kleine Backformen sind z. B. fabrikneue Tonblumentöpfe, die vor der Verwendung gründlich gesäubert werden. Sie dann genau wie Backformen fetten und nach Belieben mit Mehl oder Semmelbröseln ausstreuen. Oder Einkochgläser, die sich auch gleich zur Aufbewahrung des Kuchens anbieten.

Die „Minis“ sind natürlich auch witzige Geschenkideen. Ob man sie direkt in einer der oben beschriebenen „Ersatzformen“ verschenkt oder auf andere Art und Weise verziert, der Phantasie sind keine Grenzen gesetzt.

Allgemeines

Eier

Eier sind eine entscheidende Zutat beim Backen. Die früher verwendeten Gewichtsklassen 1–7 wurden durch folgende 4 neue Gewichtsklassen ersetzt:

S/klein: unter 53 g
M/mittel: 53 bis unter 63 g
L/groß: 63 bis unter 73 g
XL/sehr groß : 73 g und darüber

Zum Backen werden normalerweise Eier der Größe M verwendet.
Wenn bestehende Rezepte für kleine Backformen verwendet (d. h. halbiert) werden sollen, können z. B. 5 Eier (Größe M) auf 2 Eier (Größe L) umgerechnet werden.

Backformen vorbereiten

Backformen mit weicher Margarine oder Butter (nicht mit Öl!) gleichmäßig einfetten. Gugelhupf- oder Kastenformen evtl. mit Weizenmehl, Semmelbröseln, Kokosraspeln, gemahlenen Nüssen oder Mandeln ausstreuen. Überschüssiges Mehl oder Semmelbrösel durch Klopfen auf die Form und Umdrehen abstoßen.

Backbleche und Springformen können auch mit Backpapier ausgelegt werden. Das Papier für eine Springform läßt sich am besten so herstellen: Die Form umdrehen (Boden nach oben), das Backpapier darauf legen. Mit einem Messerrücken das am Rand überstehende Papier abstreifen. Den Boden an etwa 4 Stellen mit streichfähiger Margarine oder Butter einfetten – am besten mit einem Pinsel. Den Formenrand nicht fetten. Das Papier auf den Boden legen, mit den Händen glattstreichen, so daß keine Unebenheiten oder Falten entstehen, und gut andrücken.

Backformen in den Backofen einschieben

Gefüllte Backformen zum Backen immer auf dem Rost in den Backofen schieben und nicht auf den Backofenboden stellen. Das Gebäck würde zu dunkel werden.

Hohe und halbhohe Formen werden im allgemeinen auf dem Rost auf die untere und flache Formen auf die mittlere Einschubleiste geschoben. Bei der Einschubhöhe die Anweisungen des Herd-Herstellers beachten.
Bei den kleinen Formen können bei Bedarf auch mehrere gleichzeitig auf dem Rost in den Backofen geschoben werden.
Das kleine Backblech paßt im Normalfall nicht in die Einschubleisten der herkömmlichen Backöfen, weshalb es auf dem Rost in den Backofen geschoben werden muß.

Kuchen aus Formen lösen und auskühlen lassen

Kuchen in Kastenformen etwa 10 Minuten abkühlen lassen, dann vorsichtig vom Backformrand lösen, stürzen oder herausnehmen. Gebäck in Springformen etwas abkühlen lassen. Springformrand lösen. Je nach Rezept Gebäck vom Springformboden abheben oder stürzen. Gebäcke in Napfkuchenformen etwa 10 Minuten stehen lassen, dann stürzen. Backpapier oder Pergamentpapier nach dem Backen vorsichtig abziehen, damit das Gebäck auskühlen kann. Das Gebäck zuerst auf einem Kuchenrost auskühlen lassen, damit der Boden nicht feucht wird. Erst danach auf die Kuchenplatte setzen.

Teigarten

Biskuitteige müssen sofort nach der Zubereitung gebacken werden, damit sie nicht wieder zusammenfallen und zwar nach den Angaben in den Rezepten. Für Biskuitteige ist es empfehlenswert, Springformböden und Backbleche mit Backpapier zu belegen. Bevor das Gebäck aus dem Backofen genommen wird, muß auf alle Fälle geprüft werden, ob es gar ist. Dieses am besten durch leichtes Auflegen der flachen Hand feststellen. Der gare Biskuit darf sich nicht mehr feucht anfühlen und muß in der Krume weich und watteähnlich sein. Ein zu stark ausgebackener Biskuit ist trocken und fest. Heißluft ist für das Backen von Biskuit nicht so gut geeignet, daher werden an dieser Stelle keine Temperaturangaben gemacht.
Das Gebäck zum Auskühlen auf einen Kuchenrost legen. Soll der Biskuitboden nicht am gleichen Tag verwendet werden, das Backpapier bis zum Gebrauch des Bodens darauf lassen.

Knetteige vor der Weiterverarbeitung wenigstens $1/2$–1 Stunde kalt stellen. Roher Knetteig kann – gut verpackt – mehrere Tage im Kühlschrank aufbewahrt oder auch tiefgekühlt werden. Beim Ausrollen des Teiges auf der bemehlten Arbeitsfläche ab und zu den Teig mit einem Tortenmesser oder einer Backpalette von der Arbeitsfläche lösen. Oder den Teig zwischen zwei Lagen Klarsichtfolie ausrollen. Das Gebäck nach dem Backen sofort aus der Form lösen oder vom Backblech nehmen. Knetteigböden in Springformen sofort nach dem Backen vom Springformboden lösen, aber darauf erkalten lassen.

Alle Rührteige nach Angaben unter den Rezepten backen. Kuchen in Napfkuchenform erst nach 10 Minuten auf einen Kuchenrost stürzen. Böden aus Obstbodenformen sofort stürzen.

Ratgeber

Das Füllen von Torten

Den Tortenboden so auf einen Bogen Papier legen, daß die Unterseite, die besonders schön glatt ist, nach oben kommt. Er kann mit einem Zwirnsfaden oder einem großen Messer in Schichten geteilt werden. Damit die Schichten gleichmäßig dick werden, den Tortenrand vorher mit einem kleinen spitzen Messer ringsherum etwa 1 cm tief einschneiden.

Einen Zwirnsfaden in den Einschnitt legen, die Enden des Zwirnsfadens über Kreuz legen und fest anziehen, dabei durchschneidet der Faden das Gebäck.

Soll der Biskuitboden mit einem Messer geteilt werden, am besten ein Messer nehmen, das länger ist als der Boden.

Garnieren und Verzieren von Torten

Mit Kakaopulver, Puderzucker, Kokosraspeln, fein geriebenen Nüssen, Mandeln oder Pistazien lassen sich abwechslungsreiche Muster auf Kuchen bringen. Man braucht dazu Kuchenschablonen, die es fertig zu kaufen gibt – oder man kann sie selbst aus Pergamentpapier anfertigen.

Ein feines Sieb ermöglicht, daß das Kakaopulver gleichmäßig verteilt werden kann. Je feuchter der Untergrund, desto schneller wird das auf

gestäubte Muster feucht und unansehnlich. Puderzucker sollte man immer erst unmittelbar vor dem Servieren überstäuben, da er besonders schnell die Feuchtigkeit aus der Umgebung anzieht.

Wenn der Tortenrand mit Schokoladenstreuseln, abgezogenen, gehobelten Mandeln, gemahlenen Haselnußkernen usw. bestreut werden soll, die Streusel o. ä. dazu ganz dicht an die Torte geben und sie am Rand mit einer Teigkarte oder einem Messer hochschieben.

Aufgelöste Kuvertüre in eine Backpapiertüte oder einen kleinen Gefrierbeutel füllen, eine kleine Spitze abschneiden und die Torte damit verzieren.

Neben den bekannten Verzierungen der Tortenoberfläche mit Sahnetuffs erhalten Sie eine schnelle und raffinierte Verzierung der Tortenoberfläche, wenn Sie geschlagene Sahne bergartig auf die Torte häufen, etwas glattstreichen und mit Hilfe eines Teelöffels kleine Vertiefungen eindrücken.

Kuvertüre/Schokolade schmelzen

Kuvertüre/Schokolade grob zerkleinern und in einem kleinen Topf im warmen Wasserbad bei schwacher Hitze geschmeidig rühren, abkühlen lassen und nochmals vorsichtig erwärmen. So erhält die Gebäckoberfläche einen schönen Glanz. Wird Kuvertüre/Schokolade zu heiß gemacht, sieht sie stumpf und glanzlos aus.

Kuvertüre/Schokolade kann auch in der Mikrowelle geschmolzen werden, indem sie in einem kleinen Topf bei geringer Wattstufe unter häufigem Umrühren aufgelöst wird.

Kapitelregister

Fruchtige Torten & Kuchen

Käsekuchen Tutti-Frutti 8
Pflaumen-Käse-Torte 10
Erdbeer-Quark-Torte 12
Eckige Mandarinentorte 14
Rhabarber-Stachelbeer-Kuchen 16
Kirsch-Streusel-Kuchen 18
Savarin-Ring mit Früchten 20
Apfelkuchen, sehr fein 22
Stachelbeerkuchen mit Gitter 24
Pflaumentorte mit Mascarpone-Quark 26
Obsttorte 28
Lemon-Curd-Torte mit Lychees 30
Beerentorte 32
Früchteboden 34

Aus 1 mach 2 oder 3

Apple Crumble & Orangen-Marzipan-Kuchen 36
Birnentarte & Blätterteigschnecken 38
Erdbeertorte mit Campariguß & Beerenschiffchen 40
Marzipan-Kirsch-Kuchen & Studentenmuffins 42
Traubenfladen & Streuselschnecken 44
Amerikaner & Orangenwaffeln 46
Zebrakuchen & Schachbrettkuchen
mit Orangensahne 48
Mohnkranz & Kolatschen 50
Haselnußkranz & Teegebäck 52
Eierlikörtorte, -Madeleines & Eierlikörwaffeln 54
Apfeltaschen, Aprikosennester
& Rosinenbrötchen 56
Buchteln, Birnenbrioches & Mohnschnecken 58
Zitronenschnitten, Apfelküchlein
& Geburtstagsherz 60

Kuchen & Küchlein

Marmorierter Kokoskuchen 62
Gugelhupf 64
Italienischer Gugelhupf 66
Bananenhupf 68
Schokoladenkranz 70
Käse-Streusel-Kuchen 72
Käsekuchen 74
Ananas-Marzipan-Küchlein 76
Orangenkuchen 78

Kapitelregister

Festliches & saisonales Gebäck

Wintertorte 80
Nuß-Sahne-Torte 82
Trüffeltorte 84
Schoko-Ananas-Torte 86
Weinkuchen mit Äpfeln 88
Wiener-Prater-Torte 90
Trüffelecken 92
Biskuitrolle 94
Weißweinröllchen 96
Quark-Marzipan-Stollen 98
Glühweinküchlein 100
Adventskranz 102
Osterhasen mit Joghurt-Zitronencreme 104
Leipziger Lerchen 122
Blätterteigschnitten 124
Kokoszöpfe 124
Mandelschleifen 126
Apfel-Blätterteig-Herzen 128
Birnentörtchen 128
Hefe-Pistazien-Nester 130
Hefefiguren 132
Brandteigringe 134
Sonnenblumen-Knacker 136
Schokoladen-Bärchen 138
Brownies mit Kirschen und Guß 140

Törtchen, Muffins & Co.

Muffins mit Schoko-Bits 106
Heidelbeer-Muffins 108
Bananen-Rosinen-Muffins 110
Kirsche-Plotzer 112
Nußtörtchen 114
Brombeer-Joghurt-Törtchen 116
Johannisbeertörtchen 118
Torteletts mit Zitronenmousse
und Stachelbeeren 120

Kalte Köstlichkeiten

Kalter Hund 142
Philadelphia-Torte 144
Früchte-Joghurt-Torte 146
Quark-Kirsch-Torte 148
Eiswichtel 150
Eistorte 150

Alphabetisches Register

A

Adventskranz ... 102
Amerikaner ... 46
Ananas-Marzipan-Küchlein ... 76
Apfel-Blätterteig-Herzen ... 128
Apfelkuchen, sehr fein ... 22
Apfelküchlein ... 60
Apfeltaschen ... 56
Apple Crumble ... 36
Aprikosennester ... 56

B

Bananenhupf ... 68
Bananen-Rosinen-Muffins ... 110
Beerenschiffchen ... 40
Beerentorte ... 32
Birnenbrioches ... 58
Birnentarte ... 38
Birnentörtchen ... 128
Biskuitrolle ... 94
Blätterteigschnecken ... 38
Blätterteigschnitten ... 124
Brandteigringe ... 134
Brombeer-Joghurt-Törtchen ... 116
Brownies mit Kirschen und Guß ... 140
Buchteln ... 58

E

Eckige Mandarinentorte ... 14
Eierlikör-Madeleines ... 54
Eierlikörtorte ... 54
Eierlikörwaffeln ... 54
Eistorte ... 150
Eiswichtel ... 150
Erdbeer-Quark-Torte ... 12
Erdbeertorte mit Campariguß ... 40

F

Früchteboden ... 34
Früchte-Joghurt-Torte ... 146

G

Geburtstagsherz ... 60
Glühweinküchlein ... 100
Gugelhupf ... 64
Gugelhupf, Italienischer ... 66

H

Haselnußkranz ... 52
Hefefiguren ... 132
Hefe-Pistazien-Nester ... 130
Heidelbeer-Muffins ... 108
Hund, kalter ... 142

I/J

Italienischer Gugelhupf ... 66
Johannisbeertörtchen ... 118

K

Kalter Hund ... 142
Käsekuchen ... 74
Käsekuchen Tutti-Frutti ... 8
Käse-Streusel-Kuchen ... 72
Kirsche-Plotzer ... 112
Kirsch-Streusel-Kuchen ... 18

Alphabetisches Register

Kokoskuchen, marmorierter 62
Kokoszöpfe 124
Kolatschen............................... 50

L

Leipziger Lerchen 122
Lemon-Curd-Torte mit Lychees 30

M

Mandarinentorte, eckige 14
Mandelschleifen 126
Marmorierter Kokoskuchen................... 62
Marzipan-Kirsch-Kuchen 42
Mohnkranz................................. 50
Mohnschnecken 58
Muffins mit Schoko-Bits.................... 106

N

Nuß-Sahne-Torte........................... 82
Nußtörtchen 114

O

Obsttorte................................. 28
Orangenkuchen............................. 78
Orangen-Marzipan-Kuchen 36
Orangenwaffeln 46
Osterhasen mit Joghurt-Zitronencreme 104

P

Pflaumen-Käse-Torte 10
Pflaumentorte mit Mascarpone-Quark.......... 26
Philadelphia-Torte 144

Q

Quark-Kirsch-Torte 148
Quark-Marzipan-Stollen..................... 98

R

Rhabarber-Stachelbeer-Kuchen............... 16
Rosinenbrötchen........................... 56

S

Savarin-Ring mit Früchten 20
Schachbrettkuchen mit Orangensahne 48
Schoko-Ananas-Torte........................ 86
Schokoladen-Bärchen 138
Schokoladenkranz 70
Sonnenblumen-Knacker...................... 136
Stachelbeerkuchen mit Gitter 24
Streuselschnecken......................... 44
Studentenmuffins.......................... 42

T

Teegebäck 52
Torteletts mit Zitronenmousse und Stachelbeeren 120
Traubenfladen............................. 44
Trüffelecken.............................. 92
Trüffeltorte 84

W/Z

Weinkuchen mit Äpfeln 88
Weißweinröllchen.......................... 96
Wiener-Prater-Torte........................ 90
Wintertorte 80
Zebrakuchen 48
Zitronenschnitten 60

Umwelthinweis
Dieses Buch wurde auf chlorfrei gebleichtem Papier gedruckt. Die Einschrumpffolie – zum Schutz vor Verschmutzung – ist aus umweltfreundlicher und recyclingfähiger PE-Folie.

Bitte beachten Sie bei Gasherden die Gebrauchsanweisung des Herstellers.

Wenn Sie Anregungen, Vorschläge oder Fragen zu unseren Büchern haben, rufen Sie uns an (05 21) 52 06 42 oder schreiben Sie uns:
Ceres Verlag, Am Bach 11, 33602 Bielefeld.

Wir danken für die freundliche Unterstützung
APR Wilkens, Hamburg
Jenaer Glaswerk GmbH, Jena
W. F. Kaiser u. Co. GmbH, Diez/Lahn
Ketchum Public Relations, München
Ute Middelmann PR GmbH, Hamburg

Redaktion
Eva-Maria Dammeier, Carola Reich

Rezeptentwicklung und -beratung, Foodstyling
Claudia Glünz-Wunder, Nordhorn

Fotos
Bernd Wohlgemuth, Hamburg
Thomas Diercks, Hamburg
Hartmut Kiefer, Paris
Kramp & Gölling, Hamburg
Norbert Toelle, Bielefeld
Brigitte Wegner, Bielefeld
CMA, Bonn
Heinrich Bauer Service KG,
Redaktion City Food & Foto, Hamburg
Springer Syndication, Hamburg
Zefa-Bildagentur

Graphisches Konzept Björn Carstensen, Hamburg
Gestaltung GDH Haselhorst, Bielefeld
Einbandgestaltung Kontur Design, Bielefeld

Reproduktionen Mohndruck Graphische Betriebe GmbH, Gütersloh
Satz adrupa, Paderborn
Druck Mohndruck Graphische Betriebe GmbH, Gütersloh

ISBN 3-7670-0386-4